KB259952

문제는
협상이다

이 도서의 국립중앙도서관 출판시도서목록(CIP)은 서지정보유통지원시스템 홈페이지(http://seoji.nl.go.kr)와 국가
자료공동목록시스템(http://www.nl.go.kr/kolisnet)에서 이용하실 수 있습니다. (CIP제어번호 : CIP2013014138)

문제는 협상이다

성공과 실패를 가르는 첫 번째 조건

심석진 · 이철규 지음

한울

머리말

협상은 우리의 생활공간에서 수시로 일어나고 있다. 사생활에서든 조직생활에서든 우리는 알게 모르게 협상을 하며 살아간다. 이제 협상은 우리 생활의 일부이며 선택이 아닌 필수가 되었다. 협상을 등한시해서는 살아 남기 힘든 사회가 된 것이다. 우리가 협상을 어떻게 하느냐에 따라 협상은 우리에게 독이 될 수도 있고, 약이 될 수도 있다.

협상학자인 톰프슨[1]은 경영에서도 협상은 곧 핵심적인 경쟁력이 된다고 보았다. 특히 새로운 노동환경과 함께 유동성과 융통성이 중요해지면서, 효과적인 협상 기술은 경영자, 리더, 관리자와 같은 이들에게 더욱 중요해지고 있다고 지적했다. 그 이유는 다음과 같다. 첫째, 경영의 성격이 본질적으로 역동성을 강조하는 방향으로 변하고 있다. 둘째, 조직 구성원들 간의 수평적 · 수직적 상호 의존성이 증가하고 있다. 셋째, 비즈니스 세계에서 경쟁이 더욱 치열해지고 있다. 더불어 정보기술의 발전과 함께 찾아온 정보화 시대는 경영자에게 특별한 기회와 경쟁력을 제공하며, 동시에 경영자에게 언제든지 협상할 수 있는 능력을 요구한다.

헤이덴펠트[2]에 의하면 협상은 상대방으로부터 자신이 원하는 것을 얻어내기 위한 기본적인 수단으로서 활발하게 사용되어왔으며, 비즈니스에서도 기본적인 과정으로 광범위하게 연구되어왔다. 협상은 상호 만족스러운 결과를 얻어내기 위하여 서로 부합되지 않은 목표를 가지고 양 당사자들이 진지하게 토론하는 과정이며, 협상의 결과로 합의가 도출된다. 협상은 일반적 의사소통과는 달리 목표, 관계, 규범적 관행을 동반하는 독특한 상호작용이다. 협상은 조화를 이루지 못한 이슈에 초점을 맞추고 상호 수용 가능한 합의를 도출하기 위해 전략과 전술을 사용한다는 점에서 일반적인 의사소통과 구별된다. 수많은 서로 다른 이슈들로 협상이 이루어지기 때문에 협상의 근본 과정을 이해하는 것은 타인과 일을 하는 데 필수적이라 할 수 있다.

이와 같이 협상은 우리의 생활 그 자체이고 점점 더 중요해지고 있지만, 우리는 아직까지 협상에 의한 문제해결에 익숙하지 않으며 협상의 중요성을 간과하고 있다. 또한 이를 개선하려는 노력도 아직까지 미약한 실정이다. 국가 간의 외교 및 통상 협상, 다국적기업 간의 인수합병 협상, 국회에서 여야 협상, 기업에서 노사 협상, 기업이나 개인 간의 구매 협상 등 우리를 둘러싼 묵직한 협상은 수없이 많은데, 언론에 비춰지는 외국과의 협상 진행경과나 결과를 보면 상당수의 협상에서 우리 측의 준비가 부족하거나 협상 기술이 부족하여 실패할 때가 많았다. 그러한 협상의 결과가 우리 국민의 삶에 직접적인 영향을 끼쳐왔기 때문에 우리는 협상이 있을 때마다 걱정을 하고 아쉬움을 느끼고는 한다. 만약 우리 정부와 사회 각 분야, 그리고 기업에 제대로 된 능력을 갖춘 협상가들이 있었다면, 우리 측에 일방적으로 불리한 협상 결과를 가져오지 않았을 것이며, 국민들에게 우려와 실망을 안겨주지도 않았을 것이다. 협상에 대한 이해와 함께 협상을 준비하고 진행하는 능력을 제대로 갖추어야 하는 이유가 바로 여기에 있다.

사람들은 때때로 자신이 '협상 중에 있다'는 사실을 인식하지 못해 협상에 실패하기도 한다. 또 협상의 필요성은 인식하고 있으나, 협상 과정을 잘못 이해하거나 협상 기술이 없어 협상을 서투르게 진행하기도 한다. 그러면서도 적지 않은 사람들이 자신은 협상 능력을 잘 갖추고 있으며 자기만의 노하우가 있다고 생각한다. 그러나 막상 협상이 눈앞에 닥치면 어쩔 줄 모르고 두려워하는 모습을 자주 보게 된다. 이러한 모습은 협상에 대한 준비가 충분하지 않고 협상 프로세스와 전략과 전술에 대한 체계적인 학습을 받지 못한 사람에게서 주로 나타난다. "협상에 무슨 프로세스가 있고 전략, 전술이 필요한가, 상대와 마주 앉아 이야기를 나누어 좋은 결과를 얻어내면 그게 바로 협상을 잘하는 것 아니냐"라고 반문하는 사람들이 많다. 이는 협상의 원리와 특성에 대해 깊이 생각하지 않고 피상적으로 보고 느낀 대로 표현한 것이다. 협상의 원리와 특성을 잘 이해하고 상대방을 세밀히 분석한 결과에 따라 전략을 수립하고 철저히 준비한 후 적시에 적절한 전술을 활용하여 얻어낸 협상 결과와 그렇지 않은 결과는 차이가 크게 날 수밖에 없다.[3] 겸손한 자세로 여러 가지 좋은 경험과 비법에 귀를 기울여 자신의 것으로 습득함으로써 협상력을 한층 더 강화시킨다면, 적어도 상대방으로부터 피해를 입지는 않을 것이며 오히려 상대방보다 좋은 결과를 얻을 수 있을 것이다.

협상은 우리 생활의 일부로서 선택이 아니라 필수적인 요소가 되었기에 협상을 어렵게 생각하고 피하기보다 즐거운 마음으로 받아들이는 자세가 필요하다. 이제는 협상을 피하고 두려워할 것이 아니라 직접 부딪쳐서 적극적으로 받아들여야 하고, 체계적으로 공부하고 경험하여 협상력을 높여나가야 한다. 물고기가 물을 멀리하고서 살 수 없듯이, 자유무역 환경에서 살아가야 하는 현대인들은 협상을 '강 건너 불 보듯' 여겨서는 글로벌 시대에 적응하여 살아갈 수 없다. 협상은 개인, 회사조직, 정부 등 모든 면에서 우리의 경쟁력을 결정짓고 성공 여부를 판가름하는 중요한 요소이기 때문이다.

조직에서 인정받는 유능한 인재들은 보통 자신의 경력 관리 능력도 뛰어나지만, 자신의 강점을 살려 협상력을 발휘함으로써 더 높은 평가를 받는 경우가 많다. 소위 잘 나가는 기업들도 겉에서 보면 단지 회사의 브랜드 가치를 활용해 높은 매출과 수익을 창출하는 것으로 보이지만, 그 속을 살펴보면 그 기업 구성원들의 협상 능력이 경쟁사보다 탁월한 경우가 많다.

필자가 회사 생활을 할 당시 외국 기업들과 협상을 할 기회가 많았는데, 외국에서는 초등학교 때부터 상대방과 대화하는 방법을 배울 뿐만 아니라 사회생활의 시작과 동시에 협상을 체계적으로 공부하고 이를 바탕으로 경험을 쌓기 때문에, 그들은 대부분 협상에서 전문가 수준이었다. 상대적으로 그렇지 못한 우리는 그들의 눈에 어르고 달래면 그들이 가고자 하는 방향대로 움직이는 어린아이로 보였을 것이다. 이러한 수난을 겪고 난 뒤에야 협상에 대한 바른 인식이 필요하고 체계적인 학습과 경험이 중요하다는 것을 깨닫게 되었다. 그때부터 협상을 제대로 알기 위해 열심히 공부하고 실전을 통해 많은 경험을 쌓으며 꾸준히 노력해왔다. 지금은 외국 기업 직원들과의 협상에서 뒤지지 않을 자신이 있으며, 그들을 원하는 방향으로 이끌어갈 수 있다고 확신한다. 지금과 같은 글로벌 시대에는 외국인이나 외국 기업들을 상대해야 할 일이 많아지면서 협상도 늘어나고 있어, 협상을 소홀히 해서는 결코 살아남을 수 없는 상황이 되었다.

우리의 역사와 문화를 돌아보면, 대체로 한국인들에게는 상대방에게서 원하는 것을 얻고자 할 때, 상대방과 대화를 통해 얻어내기보다 일방적으로 요구하고 압박을 가하여 취하려는, 독선적이고 이기적인 생각이 깊숙이 박혀 있다는 것을 알 수 있다. 가진 것은 하나도 내놓지 않으면서 상대방의 것을 빼앗으려는 생각만 있기 때문에, 협상 자체를 흑백 논리로 보아 오히려 협상하려는 사람을 회색분자로 치부해버릴 때가 많았다. 협상을 도외시하고 두려워하게 된 것도 어느 정도 이러한 문화적 배경에서 연유한 것이다. 이러한 우리의 역사와 문화를 되돌아보고, 협상을 두려워하지 않는 자세를 거울 삼아 협상 문화를 바꾸어나가야 한다. 우선 '나' 자신부터 변화해야 한다. 나의 변화는 다른 사람을 변화시킬 수 있는 원동력이 되어 다른 사람들을 자극할 수 있기 때문이다. 내가 먼저 협상 능력을 잘 갖춘 상태에서 다른 사람과 협상을 해서 그들을 원하는 방향과 목표대로 이끌어 좋은 성과를 얻어낸다면, 그들은 분명히 나의 협상력을 벤치마킹하려 들 것이다. 그들은 협상에 대해 공부하게 될 것이고, 결국에는 우리 모두가 외국인과의 협상을 두려워하지 않는 국제 협상 전문가로 성장할 것이다.

필자는 기업의 경험을 바탕으로 비즈니스맨들을 대상으로 하는 협상에 대한 강의를 해오면서, 그들에게 실질적으로 도움을 줄 수 있는 방법을 생각해왔다. 많은 생각 끝에 33년 동안의 경험을 통해 체득한 노하우와 강의 내용을 정리해, 2007년도에 이 책의 초판(『당신의 성공, 협상력에 달려 있다』)을 출간했다. 그 후에 경영컨설팅과 강의 등을 하면서 틈틈이 보완 및 정리를 하여 이제 개정판을 내게 되었다.

전체 8개 장으로 이루어진 이 책은, 협상을 눈앞에 두고 준비하는 단계부터 마무리 단계까지 물 흐르듯이 전개되어 있다. 협상이 필요한 독자들이 실전에서 참고할 수 있도록 필자가 경험한 실제 사례를 많이 소개했으며 실제 활용할 수 있는 기본 양식도 제시했다. 앞으로 전개될 각 장의 내용을 간단히 소개하자면 다음과 같다.

1장 협상의 원리와 특성에 대해 정확히 이해한다

협상이 지니는 진정한 의미가 무엇인지를 설명하고 우리의 삶 자체가 협상의 연속이며 글로벌 시대에 우리의 삶을 더 풍요롭게 하기 위해 협상이 얼마나 중요한지를 다룬다. 지금까지 한국인이 생각해온 협상과 앞으로 추구해나가야 할 협상의 차이를 서술하고, 협상은 일반적인 상담이 아니라 나름의 법칙과 프로세스를 가지고 있다는 점을 설명한다. 우리도 이제 협상에 눈을 떠야 개인이나 기업, 국가가 성공의 길을 걸을 수 있다.

2장 협상자로서 필요한 기본 능력을 갖춘다

협상을 하기 위하여 갖추어야 할 기본 능력인 정보의 수집과 활용 능력, 상대방의 목표와 의도를 파악할 수 있는 질문과 탐색 능력, 상대방의 주장을 듣고 이해하며 반론에 대응하는 순발력과 설득하는 능력, 어려운 환경에서도 상황을 정확히 판단하고 의도하는 방향으로 협상을 이끌어나가는 리더십, 힘든 협상에서도 흐트러지지 않는 세련된 매너와 인내력 등에 대하여 다룬다.

3장 협상에 임하기 전 자신의 약점을 보완한다

일상생활에서 알게 모르게 수많은 협상을 하고 있으면서도 정작 자신의 협상 능력이 어느 수준인지, 결점이 무엇인지 알지 못하는 사람이 많다. 협상 과정에서 한국인들이 가장 많이 드러내는 약점을 정리하고 이를 개선하기 위한 방향도 설명한다.

4장 협상 성과에 영향을 미치는 핵심 요소에 주목한다

협상에 대한 공부를 강조하는 이유는 협상에서 이기기 위한 것이지만, 한편으로 상대방의 의도에 휘말리지 않으려면 협상에 대해 제대로 아는 것이 매우 중요하다. 협상 성과를 올리기 위해서는 정확한 상황 분석과 치밀한 전략 수립, 의도하는 방향으로 상대방을 끌어내는 전술도 좋아야 하지만, 협상 성과에 영향을 미치는 핵심 요소가 무엇인지를 파악하여 미리 대비해야 더 큰 효과를 거둘 수 있다. 이 장에서는 협상 성과를 높이기 위한 핵심 요소와 대응 방법을 정리한다.

5장 협상 상대방의 유형을 알면 전략이 보인다

협상도 세일즈 상담, 회담 등과 마찬가지로 사람과 사람 간의 대화로 풀어가는 것이므로 무엇보다 먼저 상대방을 잘 알고 있어야 한다. '윈 - 윈 win - win' 하는 협상 결과를 얻으려면 협상에 참석할 상대방 개개인의 신상과 성향을 잘 파악하고 대비해야만 한다. 상대방의 유형을 잘 분석해 협상에 활용하면 더 나은 성과를 얻을 수 있을 것이다. 상대방의 성향을 이해하기 위해 상대방의 성격(외향적이냐, 내성적이냐)과 겉으로 나타나는 태도(지배적이냐, 순종적이냐)를 기준으로 4가지 유형, 실용형·사교형·분석형·성취형의 특성과 그에 따른 대응책에 대해 살펴본다.

6장 원칙과 공감을 바탕으로 협상을 진행한다

협상 성과를 높이기 위해서는 전략과 전술, 대안 등의 준비를 잘하는 것도 중요하지만, 협상을 진행해가는 요령도 잘 알아야 한다. 협상을 원하는 방향과 목표대로 성공적으로 진행하기 위한 법칙과 기준은 수없이 많지만, 이 장에서는 반드시 기억해야 할 십계명을 통해 이를 정리한다.

7장 대세를 결정지을 협상 전략을 수립한다

실제적으로 현장에서 협상을 진행할 때 필요한 전략을 단계별로 알아본다. 어떻게 보면 이 부분이 이 책의 핵심이다. 협상 준비 단계에서는 협상 준비 일정 수립, 협상 상황 분석, 협상 전략 수립을 설명하고, 본 협상 전략 단계에서는 협상 분위기 조성, 상대방의 협상 목록 파악, 초기 조건 제시, 쟁점 발견과 양보의 교환 전략을 정리해놓았다. 협상 마무리 단계에서는 갉아먹기 전략, 반반 양보 전략, 철수 전략에 대해 자세히 소개해놓았다.

8장 전술로 주도권을 잡고 협상을 마무리 한다

협상이 진행되면서 쌍방의 목표와 의도가 드러나게 되고 쟁점 사항이 불거져 나오게 된다. 쌍방은 각자 목표한 대로 협상을 이끌어가기 위해 온갖 수단과 방법, 술수를 동원할 것이다. 이러한 수단과 방법은 결국 그들이 계획하는 협상 전술에서 나타나게 된다. 이 장에서는 가장 자주 활용되는 전술 10가지의 활용 방법과 이에 대한 대응 방법을 설명해놓았다.

이 책의 내용을 숙지하여 모두 자신의 것으로 습득한다면 이제 협상을 두려워할 일은 없어질 것이다. 또한 언제 어디서 어떤 협상 상대를 만나더라도 상대방의 의도대로 끌려가지 않고 협상을 주도하여 원하는 결과를 얻을 수 있을 것이라 확신한다.

2013년 8월

심석진 박사

04 협상 성과에 영향을 미치는 핵심 요소에 주목한다 73

05 협상 상대방의 유형을 알면 전략이 보인다 101

06 원칙과 공감을 바탕으로 협상을 진행한다   117

07 대세를 결정지을 협상 전략을 수립한다   137

전술로 주도권을 잡고 협상을 마무리한다 199

01

협상의 원리와 특성에 대해
정확히 이해한다

물고기가 물을 멀리하고 살아갈 수 없듯이

자유무역 환경에서 살아가는 현대인들이 협상을 강 건너 불 보듯 하면

사회에 적응해나갈 수 없다.

협상은 개인, 회사조직, 정부와 같은 모든 분야에서

경쟁력을 결정짓고 성공 여부를 판가름하는 중요한 요소이기 때문이다.

글로벌 시대, 협상은 우리 생활의 일부다

우리가 사는 이 사회에는 명령에 따라 움직이는 조직을 제외하고는 어디에서나 항상 협상이 벌어지고 있으며 모든 일이 협상의 대상이 되고 있다. 사소하게는 친구와 점심 식사를 할 때 점심 메뉴를 놓고 실랑이를 벌이는 일도 있고, 부부가 운동하러 나와 얼마만큼 걸을지에 대해서 협상을 하기도 한다. 이러한 사례를 하나하나 짚어보면 사생활에서든 조직생활에서든 늘 협상이 진행 중임을 느낄 수 있을 것이다. 우리는 일생 동안 사람들과 어울리면서 수시로 협상을 하는 데 많은 시간을 보내고 있다. 그런데도 협상을 하면서 살아가고 있다는 사실조차 깨닫지 못하는 경우가 많다. 우리의 생활공간에서 알게 모르게 늘 협상이 이루어지고 있다는 것에 모두 공감할 것이다. 이와 같이 협상은 선택이 아니라 필수가 되었다.

따라서 협상을 어렵게 생각하지 말고 즐거운 마음으로 받아들이는 자세가 필요하다. 협상을 피하고 두려워할 것이 아니라 더욱 적극적으로 나서서 받아들이고 체계적으로 공부하여 협상 능력을 높여나가야 한다. 세계 자유무역 환경에서 살아가야 하는 현대인들에게 협상은 '강 건너 불'이 아니다. 협상은 개인, 회사조직, 정부 등 모든 면에서 우리의 경쟁력을 결정짓고 성공여부를 판가름하는 중요한 요소이기 때문이다.

경쟁력 있는 기업들은 회사의 브랜드 가치를 비즈니스에 활용하여 높은 매출과 수익을 창출하는데, 이를 자세히 보면 그런 기업의 구성원들은 협상 능력이 경쟁사보다 탁월하다는 것을 알 수 있다. 회사에 근무할 당시 필자는 외국 기업과 협상할 기회가 많았는데, 협상을 체계적으로 공부하고 이를 토대로 경험을 쌓은 외국 기업의 협상가들과 협상하면서 초기에는 많은 어려움을 겪었다. 그때부터 그들과의 협상에서 밀려서는 안 되겠다고 결심하여 협상에 대해 공부하기 시작했고, 실전을 통해 많은 경험을 쌓으려고 노력했다. 노력을 거듭한 결과 지금은 외국 기업의 협상자들과 협상을 해도 밀리지 않을 자신이 있으며, 협상을 유리한 방향으로 이끌어갈 수 있는 비법도 알고 있다고 자부한다. 지금과 같은 글로벌 시대에는 개인의 입장에서든 기업의 입장에서든 비즈니스를 하는 사람이라면 누구든지 상대방과의 협상에서 밀리지 않고 동등한 수준에서 협상을 해야 살아남을 수 있게 되었다.

협상의 안건과 목적, 범위에 따라 차이가 있을 뿐 실상 우리 주변에서 협상은 지속적으로 일어나고 있다. 갓 태어난 어린아이와 엄마 간의 협상, 부부 간의 협상, 부모와 자식 간의 협상, 친구와의 협상, 가게에서 물건을 사고 팔 때의 가격 협상, 전세금을 올리려는 집 주인과 전세금을 낮추려는 세입자와의 협상, 중고자동차의 가격 협상, 기업 간의 판매와 구매 협상, 회사에서 부하와 상사 간의 업무 내용 및 완료 시기에 대한 협상, 부서와 동료 간의 업무 협조에 관한 협상, 노사 간의 협상, 국가 간의 통상 및 정치적 협상 등 이 모든 것이 우리 주변에서 일어나는 협상의 한 단면이다.

가장 가까운 곳, 가정에서부터 협상은 벌어지고 있으며, 나아가서는 조직사회, 단체, 국가 간에도 무수히 많은 협상이 우리 주변에서 일어나고 있다. 이제 협상은 우리의 생활 그 자체이다. 두려워하지 말고 즐거운 마음으로 다가가야 할 필수조건이 된 것이다.

협상이 진정 의미하는 것은?

협상이란 내가 상대방에게서 그리고 상대가 나에게서 필요한 것을 얻어내고자 할 때, 상호 양보교환을 통해 원하는 수준으로 합의를 얻어내는 과정이다. 협상은 상대편을 제압하거나 이겨서 자신이 원하는 모든 것을 빼앗아오기 위한 싸움이 아니다. 협상은 서로 보완하여 함께 더 잘 사는 방안을 찾기 위한 상생의 활동이자 과정이다. 상대방의 약점만 끄집어내어 궁지로 몰아 나만 이익을 취한다면, 그것은 협상이 아니라 무력으로 정복하여 전리품을 탈취하는 것과 다름없다. 협상은 상호 양보를 통해 필요한 것을 얻어내고 보완함으로써 시너지 효과 synergy effect 를 얻어 상생하는 데 그 의미가 있다.

협상이 왜 그렇게 중요한가?

다재다능하고, 교육 수준이 높고, 부지런한 사람이라면 어디에서 무슨 일을 하든지 성공하리라는 것이 일반적인 상식이었다. 그러나 오늘날처럼 의사소통이 중요하고 전문화된 사회에서는 다재다능함, 높은 교육 수준, 근면함만으로는 성공할 수 있는 확률이 그리 높지 않다.

개인이든, 기업이나 조직이든, 좋은 조건을 많이 갖추고 있어 상대방보다 유리한 입장에 있더라도 원하는 것을 얻어내려면 협상을 잘해야 한다. 다재다능함, 높은 교육 수준, 노력하는 자세를 갖추면 성공이 보장된다고 믿는 사람들도 협상이 우리 생활의 전체를 성공적으로 이끄는 데 얼마나 중요한 요소인가를 잘 알아야 한다. 협상 결과에 따라 개인이나 기업, 국가에 이익이 되느냐 또는 손실이 되느냐가 결정될 것이며, 한편으로는 협상에 대한 자신이 없으면 정서적으로 불안을 가져와 사기가 저하되는 등 부정적인 영향을 미칠 수 있기 때문이다. 따라서 협상은 개인, 기업, 국가 모두에게 소홀히 할 수 없는 중요한 요소가 된 것이다. 긴장과 대립이 지속되는 협상의 과정 속에서 우리는 자신에게 유리한 방향으로 일을 진행하기 위해 자신이 알고 있는 지식과 정보, 각종 전략과 전술을 모두 활용할 줄 알아야 한다.

우리 역사에서는 훌륭한 협상 끝에 전쟁을 막고 백성과 나라를 구한 사례를 많이 찾아볼 수 있다. 대표적인 성공 사례는 서희 장군이 벌인 거란 80만 대군 철수와 강동 6주 반환 협상이다. 고려 성종 말기에 거란의 소손녕이 80만 대군을 이끌고 고려를 침공했을 때, 서희 장군은 소손녕의 의도를 파악하고 그 상황을 활용하여 거란족을 물러나게 하고, 끝까지 항전하자는 강경파의 주장을 빌미로 고구려의 옛 땅인 강동 6주까지 돌려받는 성과를 거두었다. 송과 영토분쟁을 하고 있던 거란족은 송나라로 출병하기 전, 송과 동맹관계를 맺고 있던 고려가 배후에서 기습을 할 것을 우려하여 이를 차단하기 위해 고려를 침공했다. 하지만 다행히 서희 장군은 협상이 무엇인지를 확실히 이해하고 있었고 상대방의 허점을 이용할 줄 아는 인물이었다. 이처럼 한 사람의 협상 능력이 나라와 백성을 구하고 영토까지 얻어낸 것이다. 이러한 역사적인 사실만 보더라도 협상이 얼마나 중요한지 알 수 있다.

어떤 경우는 수주 협상을 신속히 마무리해 자금난에 빠진 기업을 구한 예도 있고, 장기간 지속되는 노사분쟁으로 공장이 폐쇄될 지경에 놓였을 때 노사 간에 극적으로 협상이 타결되어 기업이 회생한 예도 수없이 많다. 회사 동료 간에도 협상을 잘해 서로 만족을 얻으면서 관계를 더욱 돈독히 쌓아가는 사례가 많다. 작은 일로는 같은 부서의 동료와 점심식사를 함께 하는데 메뉴를 결정하기 위해 실랑이를 벌이기도 한다. 가령 한 사람은 어제 과음한 탓에 속을 풀기 위해 콩나물국밥을 먹으러 가자고 하는데, 다른 사람은 어제 점심도 콩나물국밥을 먹었으니 오늘은 다른 것을 먹고 싶다며 짜장면을 먹으러 가자고 한다. 두 사람이 한참 자기 고집만 내세우다가 결론이 나지 않자 한 사람이 이렇게 제안한다. "오늘 내가 가자는 데로 가면 점심을 내가 사지." 그러자 다른 사람은 '오늘 점심 한 끼를 이 친구가 하자는 대로 해도 문제는 없지 않는가. 게다가 점심을 사겠다고까지 하니 그렇게 하는 편이 낫겠다'라는 생각이 들어 못 이기는 척 수락하면서 "다음 점심은 내가 하자는 대로 하는 거다"라며 다음 양보까지 확실히 받아두는 것이다.

가정에서도 부부 간에 협상을 잘해 갈등을 없애고 가정이 더욱 화목해

지는 사례가 많다. 어느 부부가 휴일을 맞아 등산길에 올랐는데, 부인은 그날 몸이 좋지 않은지 매번 가던 목적지까지 갈 수 없으니 중간 정도까지만 오르고 내려가자고 청한다. 그러나 남편은 중간 정도만 오르고 내려오면 필요한 만큼의 운동이 되지 않아 오히려 한 주간의 몸 상태가 더 좋지 않을 것이라고 하면서 힘을 내어 원래의 목적지까지 올라가자고 한다. 이 부부는 각자의 뜻을 관철시키기 위해 실랑이를 벌인다. 이렇게 자기주장만 내세우다가는 끝이 없겠다고 생각한 남편은 원래의 목적지까지 갔다 오는 것에서 양보해 4분의 3 지점까지만 갔다 오자고 수정 제의를 한다. 부인의 입장에서는 원하는 대로 모두 관철되지는 않았지만 어느 정도 양보를 받아냈기 때문에 남편의 제안을 수락하기로 한다. 남편의 입장에서는 원래의 목적지까지 가지 못해 필요한 운동량을 다 채울 수는 없지만 나머지 운동량은 수시로 시간이 날 때 보충하기로 하고 이에 만족한다.

이와 같이 일상생활에서는 우리의 생각보다 훨씬 많은 일들이 협상을 통해 이루어지고 있으며 활로를 여는 수단이 된다. 그렇다면 이토록 중요한 협상은 어떻게 해야 제대로 해낼 수 있을까?

협상의 중요성을 알게 된 지금부터라도 협상을 잘할 수 있도록 기술을 배우고 습득해야 한다. 처음부터 협상을 잘하는 사람은 없다. 재주가 많다고 해서 협상 능력이 뛰어난 것도 아니며, 교육 수준이 높다고 해서 협상을 잘하는 것도 아니다. 협상 능력은 얼마나 협상에 대해 공부하고 실전 경험을 쌓으려고 노력했느냐에 달려 있다. 설사 현재 하고 있는 업무와 협상이 직접적인 관련이 없다고 하더라도 앞으로 살아갈 삶의 질을 더욱 풍부하고 만족스럽게 하기 위해 협상 기술을 배우고 익히는 것은 필수이다.

협상에서 상대방을 설득하여 유리한 성과를 얻기 위해서뿐만 아니라, 그보다 상대방의 의도대로 무기력하게 끌려가지 않기 위해 협상하는 기술을 배우고 습득하여 일상생활에 활용해야 한다. 마치 언제 닥칠지 모를 위험에 대비하기 위해 태권도나 십팔계(십팔기) 등 무술을 익히는 것과 마찬가지다. 어떤 사람들은 공격적인 협상 기술보다는 상대방의 공격을 방어하는 협상 기술을 익혀야 하는 게 아니냐고 주장하기도 한다. 물론 공격과 방어의 협상 기술을 모두 익혀야 한다. '공격은 최선의 방어'라고도 한다. 상대방의 예봉을 꺾고 상호 윈-윈 할 수 있는 결과를 얻기 위해서는, 공격과 방어 기술 모두를 익혀야 한다.

협상의 원리와 특성

협상을 영어로 표기하면 'negotiation'이고 한자로 표기하면 '協商'이다. '協商'을 분석해보면 '協'자는 '力'자가 세 개 모여서 이루어졌고 '商'자는 비즈니스를 뜻한다. 이를 해석해보면 서로 힘을 모아 비즈니스에 시너지 효과를 가져온다는 뜻으로, 즉 서로 협력하여 좋은 비즈니스 결과를 만들어낸다는 뜻이 된다. 이러한 협상이라는 단어의 뜻은 비즈니스에서 의미하는 바가 크다. 필자가 기업에서 조직생활을 할 때나 지금 강의를 하고 경영컨설팅을 하면서 보고 느낀 바로는, 거의 모든 기업의 협상 당사자들이 크건 작건 상대방으로부터 무조건 많이 가져와야만 협상에서 승리하는 것이라고 생각하는 경향이 있다. '전부가 아니면 전무'라는 개념으로 협상에 접근하는 것이다. 즉 '제로섬 게임 zero sum game', '올 오어 나싱 all or nothing' 개념에 익숙한 것이다. 그러니 매번 협상은 어렵고, 골치 아픈 것이며, 만족스러운 결과를 얻기 힘들다.

국립국어원 표준국어대사전을 보면 협상은 '어떤 목적에 부합되는 결정을 하기 위하여 여럿이 서로 의논함'라고 정의되어 있다. 협상학자인 레위키[4]는 '협상은 협상 당사자들 간의 문제나 논의를 해결하여 새로운 것을 만들어내는 것이다'라고 정의했고, 셸[5]은 '자신이 협상 상대로부터 무엇을 얻고자 하거나 상대가 자신으로부터 무엇을 얻고자 할 때 발생하는 상호작용적인 의사소통 과정이다'라고 협상을 정의했다.

한 가지 예를 들어보자. 오랜만에 친구와 극장에 가기로 했다. 나는 한국 영화를 보고 싶었고, 친구는 외국 영화를 보고 싶어 했다. 어떤 영화를 볼지 서로 협상을 할 때, 다음 4가지 경우가 나올 수 있다.

첫 번째 경우, 친구는 외국 영화를 오래전부터 보고 싶어 했으나 시간이 맞지 않아 보지 못했는데 이번에는 꼭 봐야겠다고 하면서 나에게 양보를 부탁한다. 나 역시 오늘이 아니면 한국 영화를 볼 시간이 없을 것 같으니 친구에게 양보하라고 주장했다. 친구의 고집이 워낙 강해 나의 주장을 받아들이지 않았고, 이렇게 한동안 밀고 당기면서 실랑이를 벌이다가 내가 친구를 위해 양보해야겠다고 생각하고 어쩔 수 없이 친구가 보고 싶어 하는 영화를 보기로 했다. 극장에 도착하여 영화표를 사야 하는데 친구가 주저하면서 하는 말이 "오늘 옷을 갈아입고 나오면서 지갑을 깜빡하고 안 가지고 와 돈이 없으니 내 영화표까지 사주면 좋겠다"는 것이다. 그 순간 '오늘 내가 완전히 뒤집어쓰게 되었구나' 하는 생각이 들었다. 친구에게 보고 싶은 영화도 양보했는데 영화표까지 사주어야 하니 꽤씸했다. 이제 부터는 이 친구를 조심해야겠다는 생각도 들었다. 물론 이 정도의 갈등은 친구 사이라면 대수롭지 않게 여길 수 있는 문제지만, 비즈니스 세계에서 친구로 믿었던 상대방이 이렇게 나온다면 어떻게 될까? 앞으로 이런 비즈 니스 상대에게는 어떻게 대응해나가야 할까?

두 번째 경우는 친구와 나의 입장이 정반대로 바뀐 것이다. 친구는 외 국 영화를 꼭 보고 싶다며 나에게 양보를 부탁하지만, 나 역시 보고 싶은 영화를 주장하며 완강히 거절한다. 오랜 실랑이 끝에 결국 친구로부터 양 보를 받아내어 내가 보고 싶던 영화를 보기로 한다. 극장에 도착하여 영 화표를 사야 하는데 지갑이 없다. 나도 친구와 비슷한 이유로 지갑을 놓 고 온 것이다. 나는 미안한 마음에 주저하면서 "오늘 지갑을 두고 왔으니 내 영화표도 사주었으면 좋겠다"는 부탁을 한다. 그 순간 친구는 첫 번째 경우에 내가 느낀 것처럼 생각을 할 것이다. 친구는 보고 싶은 영화도 나 에게 양보했는데 영화표까지 사달라고 하니 꽤씸한 생각이 들었을 것이 고, 이제부터는 친구인 나를 조심해야겠다고 생각할 것이다.

세 번째 경우, 친구와 나는 보고 싶은 영화를 보겠다며 각자의 고집을 쉽게 꺾지 않았다. 이렇게 한참을 밀고 당기면서 실랑이를 벌이다 지쳐서 결국 영화 보기를 포기하고 헤어졌으며 그 이후로는 만나지도 않았다. 두 친구가 함께 영화를 보기로 한 것은 오랜만에 만나 그동안 못 한 이야기도 나누면서 우정을 한층 더 두텁게 쌓고, 각박한 세상 속에서 어려운 일이 있을 때 의논하고 도와주며 살아가려는 의도였는데, 그 목적이 산산조각 난 것이다. 또한 친구 사이의 우정은 물론 서로에게 좋은 결과를 가져올 기회마저 없어진 것이다.

네 번째 경우, 친구와 내가 서로 보고 싶은 영화를 두고 한참 실랑이를 벌이다가 나와 친구 어느 한쪽에서 기발한 아이디어를 내놓았다. 즉 이번에는 친구가 보고 싶어 하는 영화를 보기로 하고, 대신 영화표는 친구가 사기로 한 것이다. 그리고 다음에 영화를 보게 되면 내가 보고 싶은 영화를 함께 보고 영화표는 내가 사는 것이다. 이와 같이 영화 선택에서는 양보하되 그 대신 비용 지불에서 양보를 얻어냈으며, 보답하는 의미로 다음번에는 상대방이 원하는 영화를 함께 보기로 했으니 서로 불만 없이 윈-윈 하는 협상으로 매듭지을 수 있었다. 두 친구가 함께 영화를 보기로 한 목적은 우정을 쌓기 위함인데, 이를 계기로 두 친구는 전보다 우정이 더욱 깊어질 것이다.

앞에서 제시한 예를 머릿속에 그리면서 나와 상대방이 어떤 일에 대해 협상할 때, 나올 수 있는 4가지 경우를 다음 그림을 통해 살펴보자.

첫 번째, 'I win, You lose'의 경우다.

협상 중에 정보력, 협상 능력, 시한, 상대에 대한 의존도, 전략과 전술 등에서 나의 유리한 점을 활용하여 상대방으로부터 내가 필요로 하는 것

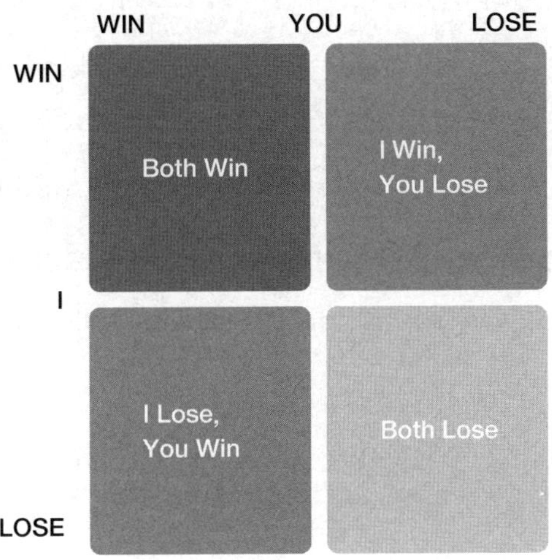

을 최대한 많이 얻어내고, 상대방에게는 양보를 거의 하지 않는 경우다. 상대방은 상대적으로 너무 많은 것을 양보하여 협상 성과가 아주 보잘 것 없었다. 이렇게 되면 상대방은 다음 협상에서는 가능한 한 양보를 하지 않고 더 많은 것을 얻어내려고 할 것이다. 결과적으로 상호 협조적인 협상이 아니라 서로 많은 것을 빼앗아 오려는 경쟁적 협상으로 치닫게 되어 결국 양쪽 모두 많은 출혈을 하게 될 것이다. 이번 협상에서는 이겼을지라도, 상대방을 적으로 만들게 되므로 다음 협상에서는 좋은 성과를 보장할 수 없게 된다.

한 예로 종합건설회사와 하도급 업체가 건설 하도급 계약을 놓고 협상하는 과정에서 종합건설회사가 하도급 업체를 압박하여 많은 양보를 얻어냄으로써 종합건설회사는 많은 이익을 챙기고 하도급 업체는 손해를 볼 정도로 좋지 않은 가격에 계약을 했다고 가정해보자. 이 경우 하도급 업체는 계약을 이행하는 과정에서 어떻게 해서라도 손해를 보지 않으려고 질이 낮은 자재를 사용하거나 업무 능력이 떨어지는 미숙련 작업자를 투입하게 되어 부실한 시공을 할 수밖에 없다. 그렇게 되면 몇 년 지나지 않아 여러 군데 하자가 발생할 것이고, 발주자는 주 계약자인 종합건설회사를 상대로 하자수리를 요청할 것이다. 종합건설회사 입장에서는 하자수리를 잘 해준다 해도 이미 회사의 명성에 먹칠을 하게 되는 것은 자명한 일이다.

두 번째, 'I lose, You win'이다.

'I win, You lose'와 반대 현상이다. 상대방이 가지고 있는 정보력, 협상 능력, 시한, 나에 대한 의존도, 전략과 전술 등을 활용하여 협상 중에 나로부터 많은 양보를 받아내고 나에게는 거의 양보를 하지 않는 경우다. 나는 상대적으로 너무 많은 것을 양보하여 협상 성과가 매우 좋지 않다. 이럴 때 나는 이번 협상에서는 상대방과 합의했지만 조직 내부의 동의와 지원을 제대로 받아내지 못할 것이다. 결국 협상 결과를 이행하는 과정에서 잡음이 생겨 작업을 원활하게 진행하지 못해 문제가 발생할 수 있다. 나 자신도 이를 거울삼아 다음 협상에서는 손해를 만회하기 위해 되도록 더 많은 것을 얻어내려고 힘을 쏟을 것이다. 앞의 예와 마찬가지로 상호 협조적인 협상을 이끌어내지 못하고 서로의 이익만 주장하는 경쟁적 협상으로 치닫게 된다. 결국 상대방은 이번 협상에서 이긴다고 해도 나를

적으로 만들게 되고 다음 협상에서 좋은 성과를 기대할 수 없게 된다.

첫 번째 경우에서 들은 예와 반대로 종합건설회사와 하도급 업체가 건설 하도급 계약을 놓고 협상하는 과정에서 하도급 업체가 그들이 보유한 시공기술의 우수성을 내세워 종합건설회사를 압박하여 많은 양보를 얻어 냈다고 하자. 하도급 업체는 많은 이익을 챙기고 종합건설회사는 손해를 볼 정도로 좋지 않은 가격으로 계약을 했다. 이 경우 종합건설회사는 계약을 이행하는 과정에서 자금의 압박을 받게 되어 제때에 하도급 업체들에게 대금지불을 할 수 없게 되고 최악의 경우에 부도를 내게 될 것이다. 그렇게 되면 우수한 시공기술을 내세워 자기 이익만 챙겼던 하도급 업체는 물론 다른 모든 하도급 업체들도 부도를 맞게 되어 프로젝트 전체가 무너지게 될 것이다. 결과적으로 종합건설회사가 부도를 내고 사라짐으로써 우수한 시공기술을 내세운 하도급 업체는 자신의 고객을 잃게 될 것이고 사업이 그만큼 어려워질 것이다.

세 번째, 'Both lose'이다.

쌍방이 자기 것을 움켜쥐고 전혀 양보하지 않음으로써 협상도 진행되지 않을 뿐 아니라 협상 성과도 거의 없는 경우다. 상대방에게 양보해도 되는 것까지 양보하지 않고 쥐고 있으려 하고, 상대방 또한 전혀 물러서지 않음으로써 양보의 교환이 일어나지 않아 양쪽 다 나쁜 결과를 맞게 되는 것이다. 이러한 현상은 주로 협상 초보자들 사이에서 많이 볼 수 있다. 협상 초보자들이 서로 자신의 조직 내부에서 좋은 평가를 받기 위해 상대방의 입장은 무시하고 자신의 성과에만 집착할 때 자주 발생하는 결과다.

앞의 예에서 종합건설회사와 하도급 업체가 서로 자기주장을 펴다가 입찰조차도 이루어지지 못하고 무산되는 경우가 될 것이다.

네 번째, 'Both win'이다.

가장 이상적이며 상호 윈 - 윈 하는 협상 결과다. 쌍방이 자기가 가진 것 중에서 나에게는 별로 부담이 없으면서 상대방에게 주면 큰 도움이 될 만한 요소를 적극적으로 찾아내어 양보를 교환함으로써 협상이 원활히 진행될 뿐만 아니라 협상 성과도 좋아 서로 이득이 되는 경우다. 물론 안건 중에는 상대방에게도 중요하지만 자신에게도 중요한 것이 있게 마련인데, 이럴 때는 상호 협조적인 분위기, 서로를 생각하는 희생정신, 한 배를 타고 공존한다는 파트너십으로 부담을 공평하게 분담해야 한다.

이러한 협상은 주로 협상 전문가들 사이에서 가능하다. 협상 전문가들은 자신에 대해서도 잘 알고 있지만 상대방의 강점과 약점, 입장, 의존성, 협상 목표를 잘 파악하고 있으며, 그러한 점을 잘 활용하여 협상을 원만하게 이끌어 좋은 성과를 얻어낼 수 있는 능력을 가지고 있다. 협상 전문가는 장기적인 안목을 견지하면서 협상 상대에게 무조건 내 입장을 관철시키려고 하기보다 필요한 것을 최대한 이끌어내어 서로 일정한 만족을 얻는 것을 목표로 협상한다. 내가 가지고 있는 것 중 나에게는 큰 가치가 없으나 상대가 가지게 됨으로써 큰 가치를 얻게 되는 것은 상대에게 주고, 상대편도 자신에게는 큰 가치가 없으나 나에게 줌으로써 큰 가치를 얻게 되는 것을 내주어 서로 바람직한 결과를 얻는 방향으로 이끌어가는 것이 협상의 목적이자 목표다. 이것이 바로 플러스 섬 plus sum 게임이며 서로가 만족하는 결과를 얻게 되는 것이다.

앞의 예에서 종합건설회사와 하도급 업체가 건설 하도급 계약을 놓고 협상하는 과정에서, 종합건설회사는 상생을 목표로 하도급 업체의 어려움을 고려하여 다소 양보하고 하도급 업체는 그들 시공기술이 우수하더라도 어느 정도 양보를 하여 상호 만족하는 수준에서 계약을 체결하는 결과가 될 것이다.

한편 '골치 아프게 생각하지 말고 딱 잘라 50 대 50으로 나누면 제일 좋은 결과가 아니냐'고 주장하는 사람들도 있을 것이다. 이를 타협이라고 하는데 타협은 쌍방이 만족할 수 있는 제3의 대안을 찾아서 해결하기보다는, 좁은 시야로 현재 주어진 조건에서 상호 양보와 희생을 통하여 부분적인 만족만을 취하기 때문에 상호만족도가 낮을 수밖에 없다. 즉, 서로가 가지고 있는 자원을 활용하여 서로에게 유익한 결과를 도출해내고자 적극적으로 대화하지 않고, 양보와 희생을 감수하면서 쉬운 길로 합의를 했기 때문이다. 따라서 윈 - 윈 협상은 무조건 50 대 50으로 나누어 가진다는 의미가 아니다.

예를 들어 나와 어떤 비즈니스 상대가 서로 협조하고 노력하여 10만 원 상당의 재료를 확보했다고 생각해보자. 하지만 재료를 확보하는 데 나는 상대방보다 능력도 뛰어나고 여러 가지 노력도 더 많이 하여 100을 합으로 보았을 때 나의 기여도가 60이고 상대방은 40이라 가정하자. 현재 상태에서 재료를 각자의 역할과 기여도에 따라 나누면 나는 6만 원의 가치를 확보하게 되고 상대방은 4만 원의 가치를 확보하게 될 것이다. 그런데 이 재료를 가공하면 20만 원의 가치로 만들 수 있다고 가정해보자. 재료를 가공한 후 판매하여 20만 원을 각자 기여도에 따라 나누면 나는 12만 원의 가치를, 상대방은 8만 원의 가치를 확보하게 될 것이다. 이와 같이 앞을 내다보지 못하고 현재 주어진 조건에서 상호 양보와 희생을 통하여 부분적인 만족만을 취하게 되면 그만큼 돌아올 가치는 적어지고 만족도도 낮아질 수밖에 없다. 따라서 진지한 토의를 통해 가치를 높일 수 있는 여러 가지 대안을 서로 제안하여, 서로에게 돌아갈 결실을 키워야 할 것이다. 이것이 진정한 윈 - 윈 협상이다.

실무적으로 협상을 자주 하는 사람들 중에도 '협상에 무슨 법칙과 프로세스가 있고 전략·전술이 필요한가? 상대와 마주 앉아 이야기를 나누어 좋은 결과를 얻어내면 그게 바로 협상을 잘하는 것 아닌가'라고 말하는 사람도 많다. 모로 가나 기어가나 서울 남대문만 가면 그만이라는 식이다. 그러나 투입한 시간과 노력에 따른 효과에는 큰 차이가 있다. 이 점을 간과한 나머지 협상에 대하여 제대로 알려고 하지 않고 준비도 소홀히 하는 것이다. 결과는 자명하다.

협상가는 기본적으로 협상가로서 필요한 태도와 매너를 갖추어야 하고, 원리와 특성, 협상 성과에 영향을 미치는 핵심 요소, 협상을 진행하는 단계별 요령을 잘 이해하고 준비해야 한다. 또한 협상과 관련된 상황을 분석하여 전략과 계획을 세울 수 있는 능력을 갖추고 협상을 진행하는 동안 예상치 못한 상황에 대비할 수 있는 창의적인 사고, 상대방을 설득하는 기술과 요령을 습득해야 한다. 뒤 이어 나올 내용들이 이러한 협상 기술을 체계적으로 알려줄 것이다.

이것만은 기억하자

- 글로벌 시대, 협상은 우리의 생활 그 자체다. 의식적으로 관심을 가지고 준비해야 한다.

- 다재다능함, 높은 교육 수준, 노력이 성공을 보장할 수 없다. 협상력을 갖추어야 성공 확률을 높일 수 있다.

- 협상의 목표는 상호 양보의 교환을 통해 합의를 이끌어내고 서로 시너지 효과를 얻는 것이다.

- 협상을 잘하면 전쟁 위기에 놓인 나라를 구할 수도 있고 어려움에 처한 기업이나 가정도 회생시킬 수 있다.

- 한국인들의 독특한 협상 문화에 대한 역사적인 배경을 이해하고 어떤 방향으로 나아가야 할지 생각해본다.

- '올 오어 나싱' 지향적 협상과 '윈 - 윈' 지향적 협상의 차이점을 제대로 파악한다.

- 협상에도 법칙과 프로세스가 있다는 것을 알고 준비에 만전을 기한다.

02

협상자로서 필요한

기본 능력을 갖춘다

협상은 목표, 관계, 규범적 관행을 동반하는 독특한 상호작용이며

상호수용 가능한 합의를 도출하는 데 목표를 두고

전략과 전술을 사용한다는 점에서

일반적인 의사소통과 구별된다.

협상에 참가하기 위하여 우리는 무엇을 갖추어야 하는지 점검해보자.

협상을 위해 갖추어야 할 능력

협상에 참가하기 위하여 기본적으로 갖추어야 할 능력과 관련하여 다수의 협상 연구자들과 심리학자들이 주장하는 것을 종합하고 요약해보면 다음과 같다.

가장 중요한 기본 중의 하나라고 할 수 있는 정보의 수집과 활용 능력부터 상대방의 목표와 의도를 파악할 수 있는 질문과 탐색 능력, 상대방의 주장을 듣고 이해하며 반론에 대응하는 순발력과 설득하는 능력, 어려운 환경에서도 상황을 정확히 판단하고 의도하는 방향으로 협상을 이끌어나가는 리더십, 흐트러지지 않는 세련된 매너와 인내력 등이 협상에서 필요한 능력들이다.

정보 입수 및 활용 능력

우선, 정보 입수 및 활용 능력이다. 협상에서는 협상의제와 관련된 정보, 주변상황에 대한 정보, 참가하는 협상자에 대한 개인정보 등 여러 가지로 필요한 정보들이 많으며 이들을 수집, 분석하고 종합하는 능력, 입수된 정보를 판단하고 활용하는 능력이 필요하다. 지피지기면 백전불태 知彼知己百戰不殆 라는 말이 있다. 직역하면 상대를 알고 자신을 알면 위험할 일이 없다는 뜻이다. 즉, 상대방을 알면 나에게 손해될 일이 없다는 뜻으로 해석할 수 있다. 또한 지피지기면 백전백승 知彼知己百戰百勝 이라는 말도 있다. 상대를 알고 자신을 알면 모든 전투에서 승리한다는 뜻이다. 이를 협상에 적용하면, 협상 상대방을 미리 알면 상대방과 벌이는 모든 협상에서 지지 않고 내가 원하는 방향과 목표로 협상 성과를 거둘 수 있다는 말이 된다.

따라서 협상 성과를 높이기 위해서는 정보의 수집과 활용이 중요함을 알 수 있으며 여기에 더하여 협상과 관련된 폭넓은 지식이 필요하다. 비즈니스 협상이라면 관련된 제품, 고객, 경쟁사, 업계 현황, 원가, 재무지식 등을 모두 미리 숙지하고 협상에 활용할 수 있는 능력이 필요하다.

질문과 탐색 능력

질문은 상대방의 욕구와 의도, 능력, 협상 목표 및 전략 등을 파악하는 중요한 기능을 담당한다. 협상에 임할 때 미리 상대방에 대한 정보를 파악하는 데 한계가 있을 것이다. 협상에 임하기 전에 미처 파악하지 못한 정보들은 협상을 진행하면서 질문을 통하여 파악해야 할 것이다. 모든 의사소통에서 질문은 상대방의 의도와 당면 과제를 파악하는 데에서 중요한 역할을 하며, 협상에도 질문은 필수적인 요소이다. 질문에 이어 상대방의 말에 대한 경청과 비언어적인 반응 등을 통하여 상대방의 욕구와 목표를 파악하는 탐색 능력도 반드시 필요하다.

의사소통 능력

커뮤니케이션 즉 의사소통 능력이 필요하다. 상대방과 관련된 지식과 정보를 잘 파악했다 하더라도 의사소통이 되지 않으면 무용지물이 될 것이다. 상대편의 이야기를 잘 듣고 이해하고 기억하는 능력, 상대방에게 자긍심과 승리감을 느끼게 하는 기술, 효과적인 제안 능력, 설득력과 호소력을 갖춘 대화능력, 상대방의 관심을 이끌어내는 여러 가지 기법, 상대편의 반론을 극복하고 양보를 교환하는 능력, 순간적인 재치와 순발력 등이 협상을 위해 필요한 의사소통 능력이다.

협상 상황 판단과 주도 능력

협상을 주도해나갈 수 있는 능력도 협상가에게 반드시 필요한 능력이다. 협상을 둘러싸고 있는 환경은 복잡하고 다양하다. 여러 가지 다양한 환경에서 상황을 정확히 판단하는 능력, 이에 대응하여 다양한 협상 전략 및 전술을 구사할 수 있는 능력, 상대방의 전략 및 전술에 대응할 수 있는 능력, 어려운 조건과 환경 속에서도 영향을 받지 않고 오히려 협상을 주도적으로 이끌어갈 수 있는 능력 등이 있어야 한다.

세련된 매너와
인내력

협상은 짧게는 몇 시간으로 끝날 수도 있지만 길게는 몇 개월, 몇 년이 걸릴 수도 있다. 때문에 협상은 종종 마라톤 경기와 비교될 수 있다. 장시간이 걸리는 협상 과정에서 협상가로서 갖추어야 할 세련된 매너와 태도를 유지해야 하고 정신적인 그리고 체력적인 인내력이 필요하다.

협상가로서 자신을 내놓으려면 최소한 이상과 같은 능력들이 기본적으로 필요하다.

글로벌 시대, 세계무대로 나갈 협상가로서 최소한의 기본 능력들을 갖추고 있는지 생각해본다.

- 지식과 정보의 수집, 활용 능력을 갖추어야 성공 확률을 높일 수 있다.

- 협상은 사람 간의 대화방식의 하나로서 의사소통에서 기본인 질문과 탐색 능력을 갖추는 것이 필요하다.

- 상대편의 이야기를 잘 듣고 이해하고 기억하는 능력, 설득력과 호소력을 갖춘 대화 능력, 상대방의 관심을 이끌어내는 여러 가지 기법, 상대편과 양보를 교환하는 능력을 갖추고 있는지 생각해본다.

- 힘든 상황에서도 협상을 주도해나갈 수 있는 능력을 갖추고 있는지 생각해본다.

- 협상가로서 매너와 태도를 유지하면서 장시간의 협상을 견디어내기 위한 정신적인 그리고 육체적인 인내력을 지니고 있는지 생각해본다.

03

협상에 임하기 전
자신의 약점을 보완한다

협상을 우리가 의도한 방향으로 주도하면서 목표를 달성하려면

우리가 가진 강점을 최대한 살려 공격적으로 나가면서

한편으로는 우리가 가진 약점을 최대한 보완하는 것도 중요하다.

협상에서 흔히 드러나는 우리의 약점을 점검해보자.

협상에 대한 준비가 부족하다

흔히 협상을 단순한 교섭이나 타협으로 생각하여 협상 과제를 반반씩 양보하여 타결하면 되는 것으로 알고 있다. 협상에 대한 이해가 부족하여 장기적인 관점에서 보지 못하고 해당 사안만 해결하면 된다는 근시안적인 관점에서 협상에 임했기 때문에 우리의 협상 능력은 그동안 크게 발전하지 못했다. 또한 그런 안일한 생각 때문에 체계적인 교육과 훈련을 통해 협상가를 키우는 일도 이루어지지 않았다.

이러한 인식 때문에 협상 준비를 철저히 하지 않은 상태에서 협상에 임하고 있으며, 협상을 진행하는 요령과 전략 · 전술을 제대로 활용하지 못한 채 미숙한 진행으로 만족스러운 협상 결과를 얻지 못하고 있다. 상대방의 강점과 약점, 상대방의 정보력, 전략과 전술, 협상 능력, 시간제약, 상호 의존도 등 협상 성과에 미칠 여러 가지 요소를 분석하고 대책을 수립한 후 협상에 임해야 기대한 만큼의 성과를 얻을 수 있을 것이다.

책임이 두려워 협상 목표를 낮게 설정한다

처음부터 협상의 목표를 낮게 설정하는 관행은 오랫동안 형성되어온 우리 사회의 분위기에서 비롯되었다. 우리는 유독 협상 결과에만 관심이 많아 상대에게서 많이 빼앗아 와야 잘했다고 인정해주며 잘하면 본전, 보통이면 비난을 받기 때문에 협상 결과에 대해 보고하는 것을 유독 두려워한다. 이러한 문화 때문에 비난을 피하려고 협상 목표를 애초에 낮게 설정하는 식으로 결과에 대한 책임을 모면하려는 경우를 자주 보아왔다. 이 때문에 도전의식이 없어지고 복지부동의 자세가 만연하고 있으며, 상호 양보의 교환에 인색하고 협상을 명분 쌓기 식으로 진행하는 경우가 많다. 하지만 협상에 임하기도 전에 패배감에 젖어 협상 결과를 부정적으로 예측하거나 잘 안 되는 방향으로 미리 예단하여 협상 목표를 낮게 잡아서는 안 된다.

협상을 앞두고 부정적인 생각을 하면 협상 준비를 소극적으로 할 수밖에 없다. 우리의 마음 자세 Attitude 즉, 달리 말하면 마음먹기가 중요하다. 어떻게 마음먹느냐가 중요한 것이다. 협상의 준비와 진행은 마음가짐에 따라 변할 수 있다. 협상 당사자는 언제나 긍정적인 생각과 적극적인 마음가짐으로 협상에 임해야 한다. 자신이 처한 상황을 긍정적인 시각에서 보느냐 부정적인 시각에서 보느냐에 따라 대응하는 자세와 행동이 달라지기 때문이다.

임진왜란 당시 단 13척의 배로 명량 해전에 임할 때, 이순신 장군도 133척의 전함을 앞세운 왜군을 격퇴하리라고는 100퍼센트 확신하지 못했을 것이다. 그러나 이순신 장군은 부정적인 생각으로 전투에 임하지 않았다. 오로지 나라를 구하겠다는 신념과 각오로 전투를 준비하고 어려운 상황에 맞선 덕분에 승리할 수 있었던 것이다.

협상 과정에서 지나치게 인간관계에 의존한다

협상에 임할 때 상대방과의 관계에 지나치게 의지한 나머지 정작 준비해야 할 일에 소홀함으로써, 접대는 잘 해주고 되려 뺨 맞는 상황이 자주 발생한다. 아예 협상을 접대로 생각하여 협상력을 갖춘 사람보다는 접대를 잘하는 사람을 협상 당사자로 선발해 내보낼 때도 많다. 이것이 바로 지식과 정보에 의한 상황 분석에 따른 전략과 전술을 활용하는 고도의 협상 기술보다, 지나치게 감성에 의존하고 호소하는 협상이 이루어지는 이유다.

인간관계에 의존했다가 실패한 협상을 국제 비즈니스에서도 자주 보게 된다. 비근한 예로 한국과 미국 간의 여러 가지 협상을 들 수 있다. 한국의 입장에서는 미국이 우방국이니까 그동안 지속된 동맹관계를 고려하여 잘 해주겠지 하는 관계중심적 성향을 보이는 데 반해, 미국은 동맹관계는 별도로 두고 협상에서는 사실과 자료에 초점을 맞추는 업무중심적 성향을 보인다. 이처럼 우리는 비즈니스와 인간관계를 분리하지 못해 서양권과의 협상에서 종종 차질을 빚고는 한다.

우리나라가 한창 성장할 시기인 1970년대와 1980년대에는 외국의 거래처에서 한국을 방문하면 상다리가 휘어질 정도의 주지육림을 대접할 정도로 접대에 신경을 썼었다. 물론 지역과 국가에 따라 다르긴 하지만 유럽이나 미주 지역의 방문자들은 아무리 접대를 잘 해주어도 그다음 날 협상을 할 때는 그들의 본 업무로 돌아가 이성적이며 성과중심적인 모습을 보여주고는 했다. 접대와 업무를 분리하여 생각하는 그들의 문화 때문이다. 그러나 한국을 비롯한 아시아 지역 국가의 방문자들은 관계 형성을 업무성과보다 더 중시하고 서로 무언의 양보교환의 법칙을 성립하고는 한다. 즉, 이번 협상에서 내가 더 많이 양보하면 다음에는 상대가 더 많이 양보하여 서로 양보의 균형을 이룰 것이라는 무언의 법칙인 것이다.

그러나 이러한 접대문화도 2000년대에 들어와 많이 변했다. 그동안의 학습효과를 통하여 우리도 관계 형성에 너무 의지해서는 안 되겠다는 것을 깨닫고 제품의 품질, 납품능력, 서비스 품질 등 실질적인 경쟁력에 무게중심을 두기 시작했다. 바람직한 방향으로 발전하게 된 것이다. 앞으로 이러한 경향은 점점 더 강해질 것으로 보인다.

협상 상대방의 문화와 관습에 취약하다

세계는 크게 동양문화와 서양문화, 즉 동양적 사고와 서양적 사고로 나누어볼 수 있으며 협상에 임할 때에도 이러한 차이를 고려해야 한다. 우선 일에 대한 집중도와 과정에 대한 인식을 보더라도 동양과 서양은 크게 다르다. 서양권에서는 주어진 시간에 한 가지만 생각한다. 즉 한 번에 한 가지 일만 하는 문화이며, 일을 수행하는 과정에서 나타나는 관계보다 일 자체의 목표를 달성하는 데 비중을 둔다. 그러나 동양권에서는 관계 형성에 비중을 두기 때문에 조직 내에서 화합과 조화를 추구하고 이를 높이 평가한다.

시간에 대한 인식도 차이가 있다. 서양권에서는 시간에 큰 가치를 부여하고 시간에 따라 계산하고 보상하며, 회의는 정시에 시작하고 계획대로 움직여야 한다. 동양권에서는 시간에 대해 모호한 개념이 있어 약속시간과 마감시간이 다소 지켜지지 않아도 그대로 받아들이는 경향이 있다.

변화에 대한 인식도 다르다. 서양권에서는 변화에 대단히 적극적이고 변화를 일상적인 것으로 인식하여, 변화에 따라오지 못하면 조직에서 살아남을 수 없다고 생각한다. 따라서 나이나 경험에서 오는 가치를 동양권처럼 인정하지 않는다. 그러나 동양권에서는 변화를 위기로 생각하여 대부분이 변화에 대한 무의식적인 거부감을 가지고 있다. 돌다리도 두드려보고 건너는 정도가 아니라 남이 건너는 것을 보고 건너가려는 경향이 짙은 것이다.

개인의 성향과 조직 문화를 보면 서양권에서는 '인생은 정해진 것이 아니다'라는 생각으로 항상 도전과 개혁에 초점을 두고 개인과 조직의 목표를 설정하여 달성하는 데 가치를 둔다. 동양권에서는 '모난 돌이 정 맞는다'라는 속담을 거울삼아 되도록 두드러지게 나타내려 하지 않고 타인과 잘 어울리려는 생각으로 살아간다. 이런 성향 때문에 어떤 사안에 대해 다양한 의견이 난무하는 것보다 만장일치를 기대한다.

갈등을 해결하는 모습도 차이가 있다. 서양권에서는 업무중심적이고 성과주의 성향이 강해 상대와의 갈등을 무조건 부정적으로만 여기지 않는다. 철저한 경쟁사회에서 때로는 갈등이 발생할 수 있으며, 이는 사회발전을 위한 밑거름이 된다고 본다. 문제를 해결하여 갈등을 해소해야지 갈등 자체를 회피해서는 안 된다고 생각한다. 또한 자기주장이 강한 것은 자신에 대한 확신에서 나오는 것이므로 그것이 상대에 대한 결례는 아니라고 생각한다. 그러나 동양권에서는 인간관계에서 가능한 한 갈등과 마찰을 일으키지 않으려고 한다. 사회 전체나 조직 또는 개인 간의 화합을 최고의 가치로 여긴다. '상대방이 무엇을 생각하는지'를 지레 짐작하여 민감하게 반응한다. 너무 자기주장만 내세우면 상대와 갈등을 유발하고, 이는 바람직한 대인관계를 형성하는 데 방해가 된다고 여기며, 상대에 대한 배려심이 많기 때문에 경쟁보다는 협력을 우선시하는 경향이 강하다.

협상 성과와 상대방과의 관계 중 어떤 것을 더 중시하는지를 보더라도 동양권과 서양권은 차이가 있다. 서양권에서는 협상의 단기성과immediate outcome를 더 중요시하는 반면 동양권에서는 상대방과의 관계를 더 중요시한다. 한국, 일본, 중국에서는 국제 협상을 할 때 상대와의 관계 형성 과정을 아주 중요하게 여긴다. 따라서 식사나 골프 등의 접대를 통해 상대와 밀접한 관계를 형성하고 난 뒤 본 협상에 들어간다. 상대와 밀접한 관계를 형성했다는 것은 상대방에 대한 신뢰를 구축했다는 것을 의미한다. 따라서 각각의 구체적인 협상 과제에 매달리기보다는 상대 기업에 대한 신뢰와 우호적인 관계의 틀 속에서 협상을 진행시킨다.

이에 반해 미국과 유럽에서는 '상대가 누구냐?'보다 '협상을 통해 무엇을 얻어내느냐?'가 더 중요하다. 협상 전에 상대방과 친밀한 관계를 형성하려고 시도하기도 하지만 대체로 성과를 더 중시하여 바로 본 협상에 들어가 구체적인 사안을 하나하나 의논하려고 한다. 동양에서는 상대와 구축한 신뢰를 바탕으로 협상을 하는 반면, 서양은 현실적인 사안을 가지고 상대를 직접적으로 설득하려는 협상 문화가 있다.

의사결정 방식에서도 동양권과 서양권의 차이가 있다. 동양권에서는 대개 협상 후 내부적인 논의를 거쳐 사안을 결정한다. 개인주의적 성향이 강한 미국 기업이라면 협상 담당자가 판단하여 제품의 구매 여부를 그 자리에서 결정하겠지만, 한국이나 일본 등 동양권에서는 공감대 형성con-sensus building에 의존하는 집단적 의사결정 방식을 존중한다. 제품의 구매에 관계되는 구매부와 총무부 그리고 기술과 생산에 관계되는 기술부와 생산부 등 모든 부서의 관계자들에게 일일이 의견을 물어보고 난 후 최종적으로 결정을 내린다.

이처럼 협상 당사자나 협상단이 의사결정권을 어느 정도로 가지고 있느냐에서도 동양권과 서양권은 차이가 있다. 동양권에서는 의사결정권이 본사에 집중되어 있다. 심지어 해외에 나가 협상을 할 때도 본사가 협상단에 많은 권한을 위임해주지 않기 때문에 사소한 것을 제외하고는 대부분 지침을 받아 협상을 진행한다. 미국이나 유럽에 출장을 가서 협상을 할 때, 낮에는 협상 상대와 협상을 하고 밤에 숙소로 돌아와 본사에 전화를 걸거나 메일을 보내 협상 과정을 보고하고 지시 사항을 받아 그 다음 날 협상장에서 제시하는 식으로 협상이 진행된다. 따라서 이러한 협상 문화에서는 협상자의 사회적 지위나 조직 내 계급이 중요하다. 상대 협상자가 높은 지위에 있다는 것은 협상 테이블에서 합의된 내용을 내부적으로 승인받는 포지션 파워position power가 그만큼 크다는 것을 의미한다. 예를 들어, 미국 G사와의 협상에서 한국의 S사 부장이 대표로 나오는 것보다 부사장이 대표로 나오는 것이 본사로 돌아가 설득하는 데 유리하다는 의미다. 의사결정권이 큰 만큼 협상 중에 상대방에게서 얻어낼 수 있는 성과도 클 것이다.

반면 서양권에서는 협상단에 많은 의사결정권을 위임한다. 같은 협상단 내에서는 협상 대표가 모든 것을 결정하고 지휘·감독한다. 예를 들어, 미국 G사의 협상단이 서울에서 한국의 S사와 협상을 할 때, G사의 본사로부터 권한을 위임받은 협상단은 큰 재량권을 가지고 협상을 한다. 또한 G사의 협상단 내부에서 협상단장은 조정 역할만 한다. 이러한 이유로 협상 시작 전 자기소개를 할 때, 동양권에서는 자신과 상대방의 직위와 계급을 중시하는 반면 서양권에서는 자신과 상대가 '무엇을 하는지'를 더 중시한다. 중동이나 중국, 한국의 협상가들은 가끔 2~3종의 명함을 가지고 다닌다. 상대방에게 자신의 높은 학위나 지위를 강조하기 위해서다.

지금까지 동양권과 서양권의 협상 문화를 비교해보았는데, 서로 다른 협상 문화를 이해하려면 각 문화권의 주요 관습도 숙지해야 할 것이다. 유의해야 할 관습의 차이를 간략하게 소개한다.

협상 전 선물을 주고받을 때 나라마다 관습이 달라 선물의 종류가 무엇이냐에 따라 희비가 엇갈릴 수 있다. 중국인이나 중동인에게 칼을 선물하는 것은 큰 결례이다. 관계를 끊자는 뜻으로 받아들이기 때문이다. 브라질 사람에게 손수건을 선물하는 것도 관계의 단절을 의미한다고 한다. 인도인이 초청한 파티에 참석하여 협상과 같은 비즈니스와 관련된 화제를 꺼내는 것 또한 큰 결례이다.

명함을 교환하고 난 다음 명함을 어떻게 취급하는지도 동양권과 서양권은 차이를 보인다. 동양권에서는 상대방에게 받은 명함을 앞에 가지런히 잘 정리해놓아야 '상대가 나를 존중하는구나'라고 생각하는 반면에, 구기거나 아무렇게나 놓으면 마치 자신을 그렇게 취급하는 것처럼 여겨 상당히 불쾌해하며 심지어는 협상장을 떠나버리기도 한다. 이와 같이 협상에 임할 때는 동양권과 서양권의 문화나 관습이 다르다는 것을 확실히 인식하고 미리 공부하여 몸에 익혀야 실수를 하지 않는다.

협상 결과에 너무 집착하여 무리한 합의를 한다

필자가 S그룹에서 근무하는 동안 외국의 여러 기업과 협상이 많아 해외출장이 잦았다. 해외출장을 가는 협상단에게 경영층에서는 잘하라는 뜻으로 여러 가지 당부를 하고는 했는데, 부서의 입장에 따라 그 당부가 많이 달랐다. 미국 G사와 항공기 엔진 부품을 수주하기 위해 보스턴으로 떠나는 협상단에게 경영층이 한 당부 사항은 다음과 같았다.

항공기 사업 본부장의 당부

이번 미국 G사의 항공기 엔진 부품 수주는 우리 회사에 굉장히 중요한 협상이니 꼭 성사시키고 돌아와야 한다. 이 협상을 성사시키고 오면 그에 따른 보상을 받을 것이다.

이번 미국 G사의 항공기 엔진 부품 수주는 우리 회사로서는 굉장히 중요한 협상이다. 하지만 이번 건을 무리하게 성사시키겠다고 생각하지는 마라. 불리한 조건으로 협상이 성사되면 회사에 그만큼 부담이 오며 성장에 많은 지장을 초래할 것이다. 최선을 다하되 조건이 맞지 않아 설사 빈손으로 돌아오더라도 여러분을 탓하지 않겠다.

항공기 사업 본부장은 협상의 결렬 가능성을 인정하지 않고 무조건 성과를 기대하여 이를 사업부의 업무실적과 연결시키려 했다. 반면 관리 본부장은 협상이 결렬될 가능성을 인정하면서 성과에 대해 어떠한 상벌도 논하지 않을 뜻을 비쳤다.

"전쟁에서 이기고 지는 것은 병가지상사勝敗兵家之常事"라는 말이 있다. 싸움터에서 이기고 지는 것은 군인에게는 흔히 있는 일이란 뜻이다. 모든 상황이 유리하게 돌아가면 별 노력 없이도 이길 때도 있고 최선을 다하더라도 상황이 여의치 않아 질 때도 있다. 협상가도 이길 때도 있고 질 때도 있다. 한국의 경영자들은 협상의 결렬 가능성을 인정하지 않고 무조건 협상의 합의를 기대하는 항공기 사업 본부장과 같은 스타일이 많다. 결과적으로 이는 자사 협상단이 협상 중에 어려움에 봉착하거나 진퇴양난에 놓였을 때 그 난관에서 빠져나오지 못하게 하고, 많은 양보를 해서라도 수주를 해야 된다는 강박감을 협상단에게 주어 부실한 협상 결과를 가져오는 원인이 된다.

일반적으로 한국의 협상 대표와 협상 참가자들도 협상이 잘 진척되지 않아 협상을 중단시키거나 합의가 없이 돌아오면 '협상에 실패'한 것으로 보고, 협상 참가자로서 자신의 명예가 훼손되는 것으로 여겨 매우 수치스럽게 생각한다. 또한 회사에 손해를 끼쳤다는 비난을 받을까 봐 두려워한다. 이 같은 이유 때문에 어려운 상황에서 과감히 탈출하지 못하고 어떻게든 성사시키려고 무리한 협상을 지속하는 경향이 있다.

협상이란 불확실한 여건 속에서 불확실한 정보를 가지고 상대방과 밀고 당기면서 상호 양보를 교환하는 과정이기 때문에 무리한 의사결정에는 위험 부담이 따른다는 사실을 경영층이나 협상 참가자들이 알아야 한다. 합의가 어려울 경우 결렬로 간주해버리고 협상을 중단하면 된다. 또한 협상자들이 때로는 의사결정에서 실수할 수 있다는 것을 인정해주는 조직 문화에서는 '무리한 협상의 지속' 가능성은 그만큼 적어질 것이다. 협상을 진행하다가 불리한 상황이 발생하여 협상을 중단하겠다는 판단이 서면 과감히 그간 투입된 시간과 돈을 사전 투자비용으로 인정하고 물러서는 것이 현명하다. 협상이 결렬되었다고 해서 끝나는 것이 아니다. 앞으로의 협상을 위해 한 걸음 물러서는 것이라고 생각하고 협상 결과와 이미 투입된 비용에 너무 집착해서는 안 된다.

불필요한 말을 너무 많이 하고 경청하지 않는다

협상도 의사소통이다. 협상 상대와의 의사소통에서는 먼저 상대방의 말에 귀를 기울이는 것이 중요하다. 사람의 신체에서 입이 하나고 귀가 둘인 것은 말하기보다 듣기를 중시하라는 의미가 담겨 있기 때문이다. 말을 많이 하게 되면 언젠가는 실수하게 마련이고 내가 가진 정보가 새어나가 상대를 이롭게 하기 때문이다. 그렇다고 말을 너무 아껴서도 안 된다. 질문과 같이 해야 할 말은 꼭 해야 한다. 다만 불필요한 말은 반드시 삼가야 한다.

협상 상대의 말에 귀를 기울이면, 알고 싶었던 정보는 물론 생각지도 못한 좋은 정보를 얻어낼 수 있다. 협상 상대방이 말한 내용을 모두 들은 다음 그것을 분석하여 답을 내면, 우리에게 결코 불리하지 않은 답이 될 것이다. 그리고 알고 싶은 내용이 있으면 협상 상대에게 과감히 질문하여 얻어내야 한다. 한국인은 상대방에게 질문하는 것을 상당히 꺼리거나 어려워하는데, 설사 질문하기가 어렵더라도 협상 중에 상대방으로부터 알고 싶은 내용이 있으면 반드시 질문을 통하여 얻어내는 작업이 필요하다.

협상연구학자인 래컴과 칼라일이 2000년대에 협상가들이 정보 수집을 하는 방법에 대하여 조사한 바에 의하면, 전체 정보 수집량 중에서 질문에 의하여 수집하는 양이 노련한 협상가는 21.3퍼센트고 미숙련 협상가는 9.6퍼센트에 지나지 않는 것으로 나타났다. 즉, 협상을 잘하는 사람일수록 질문을 잘 활용하고 있음을 알 수 있다. 불필요한 말을 섣불리 하다가 협상 상대를 이롭게 하는 정보를 흘리는 것보다 질문을 통해 협상 상대에게서 중요한 정보를 얻어내려는 자세가 필요하다.

어려운 상황을 반전시킬 대안이 부족하다

"앞으로는 대우자동차 매각과 같은 비굴한 협상이 두 번 다시 있어서는 안 된다. 칼자루를 쥔 쪽이 GM이라 억울해도 싫은 소리 한 번 제대로 못했다. 협상단의 한 사람으로서 너무나 자존심이 상하고 분통이 터져 자다가도 벌떡 일어나 속병을 앓은 적이 하루 이틀이 아니다. 당장이라도 협상을 깨버리고 싶은 적도 많았다. GM 이외에는 뽀족한 대안도 없는 절박한 상황이어서 GM에 일방적으로 끌려다닐 수밖에 없었다." 2002년 당시 정건용 산업은행 총재의 말이다. 2002년 대우자동차를 매각할 때 GM과의 협상에 참여했던 그가 현장에서 벌어지는 상황을 보고 느낀 비통함이 절절하게 묻어나는 소회이다.

한국 협상단이 흔히 가지고 있는 큰 약점 중 하나는 협상 중에 봉착할 수 있는 난국을 타개하기 위한 대안이 부족하다는 것이다. 이는 협상에 대한 이해가 부족하고 준비가 미흡하기 때문에 일어나는 일이다. 협상을 하기 전에 충분한 시간을 두고 협상과 관련된 모든 상황을 분석하여 전략을 수립하고, 협상에서 활용할 전술과 진행상황에 따라 내놓을 대안best alternatives to negotiable agreement: BATNA을 충분히 준비해두어야 한다. 그렇게 해야 협상을 원하는 방향으로 주도해나갈 수 있고 좋은 성과를 얻을 수 있을 것이다.

이는 1998년에 있었던 한국과 일본의 어업협정 사례에서도 알 수 있다. 일본 측에서는 동해상의 협상 대상 지역에서 나타나는 조류의 흐름, 깊이, 수온, 조류에 따라 나타나는 어종, 어획량 등 여러 가지 자료를 조사하여 내놓으면서 우리에게 불리한 방향으로 협상을 몰고 갔지만, 우리 측에서는 협상 전에 미리 조사한 것이 없어 가치 있는 자료나 대안을 제시하지 못했다. 결국 일본의 주장에 밀려 불리한 결과를 얻을 수밖에 없었다. 이로 인해 수년이 지난 오늘날까지도 애꿎은 어민들만 피해를 받고 있다.

이러한 일이 어디 한두 가지인가? 북한과의 협상에서도 우리는 종종 전략과 대안이 미흡하여 북한으로부터 어떤 약속도 받아내지 못하고 그들이 주장하는 대로 들어주는 방식의 협상을 진행해옴으로써 퍼주기식 협상이라는 비난까지 받았던 것이 사실이다. 협상이란 상대방으로부터 필요한 것을 얻어내고자 할 때 상호 양보의 교환을 통하여 쌍방에게 득이 되는 방향으로 합의를 이루는 과정이다. 북한도 우리가 요구하는 것을 어느 정도 수용해야 우리도 북한이 요구하는 것을 들어줄 수 있다는 점이 중요하다.

필자가 무역아카데미에서 협상 전략에 대해 강의할 때, 과정 중에 '대안 개발'이라는 시간이 있었다. 교육 참가자들에게 각기 나름의 대안을 적어보라고 했는데 '대안이 잘 떠오르지 않는다', '어려워서 못 하겠다'고 아우성이 대단했다. 결국 가장 많이 적은 사람이 3가지 정도를 내놓았고 대부분이 1~2가지 정도였다. 그러나 팀원끼리 의논하여 결과를 제시해달라고 했더니 훨씬 많은 대안이 나왔다. 가장 많이 개발한 팀은 8가지 정도의 대안을 내놓았다. 그런 다음 필자가 나서서 교육 참가자 전체를 대상으로 브레인스토밍brainstorming을 했더니 무려 50가지 이상의 대안을 개발해낼 수 있었다.

대안을 개발하려 한다면 무수히 많은 대안을 개발할 수 있다고 생각한다. 최선의 노력을 해보지도 않고 지레 '안 된다'는 부정적인 생각만 해서는 안 된다. 노력하지 않으니 이룰 수 없는 것이다. 협상에 너무 쉽게 대처하려는 안이한 생각과 자세를 가지고 있으면 매번 대안을 충분히 준비하지 못하여 협상 상대에게 끌려다니게 된다. 협상의 대안은 나의 협상력을 강화시켜주고 협상을 원활하게 이끌어 상호 만족스러운 결과를 얻게 하는 원동력이 된다.

모두 뺏어와야 이긴다는 사고방식에 빠져 있다

우리는 협상에서 무조건 많은 것을 얻어내야만 승리하는 것이고, 그것이 우리 측에 득이 된다고 생각하는 경향이 다분하다. '상대방으로부터 가능한 한 많이 빼앗아와야 협상을 잘한 것'이라는 개념으로 협상에 임하는 것이다. 즉 '제로섬 게임zero sum game'이나 '올 오어 나싱all or nothing' 개념에 익숙하다. 협상으로 얻을 수 있는 성과는 정해져 있어 상대방이 많이 차지하면 자신에게 돌아오는 몫이 그만큼 적어진다고 생각하는 것이다. 단순하게 생각하면 그렇게 볼 수도 있다. 이를 '제로섬 사고방식', '고정파이 편견'이라고 하며, 일단 협상가들이 이 같은 잘못된 사고에 빠지게 되면 정보의 공개를 통해 상대방과 협조적이고 호혜적인 협상integrative negotiation을 하기보다 파괴적인 협상distributive negotiation을 하게 된다. 즉 협상 당사자들이 각자의 입장에서만 생각하다 보니 쌍방이 함께 만족할 수 있는 협상 이익이 존재할 수 없다고 보는 것이다.

그러나 실제로는 그렇지 않다. 쌍방이 제로섬 편견으로부터 벗어나면 호혜적·협조적 협상을 할 수 있다. 서로 마음을 열고 정보를 공개하면서 협조적인 협상을 하면 공통된 협상 이익을 발견하게 되고 합의 가능 지점에 도달할 수 있는 것이다. 이와 관련된 하나의 사례가 있다.

A라는 회사에서 정보화 시대에 맞춰 근로자들에게 전산교육을 시키고자 했다. 교육 대상인 근로자와 회사 측이 속으로 생각하는 이익과 겉으로 나타나는 협상 태도 사이에는 다음과 같은 차이가 나타났다.

▌근로자와 회사 측 모두 공통된 이익을 인식할 때

근로자는 전산교육이 자신들의 고용보장에 도움이 된다고 생각하여 적극적으로 참가한다.

회사 측은 근로자에 대한 전산교육이 사무·생산성을 높이는 데 도움이 된다고 생각하여 가능한 한 자주 교육훈련을 실시한다.

┃근로자와 회사 측이 자신들의 주장만 앞세워 편협한 생각을 할 때

근로자들은 전산교육이 자신들에게 도움이 된다는 것을 알지만 자신들이 먼저 교육훈련을 요청하면 업무 공백을 이유로 회사가 받아들이지 않을 것이라 생각하여 회사 측이 먼저 제시하기를 기다린다.

회사 측은 회사가 먼저 교육훈련을 제시하면 근로자들이 자신을 해고 우선 대상이라고 오해할까 봐 근로자 측에서 요청하기를 기다린다.

전자의 경우처럼 공통된 이익이 실제로 존재함에도 후자의 경우와 같이 폐쇄적이고 편협한 사고를 하면 쌍방은 서로 믿지 못하고 상호이익이 되는 일도 상대가 먼저 하기를 기다리고 미루게 되어 협상을 효율적으로 진행하지 못하게 된다. 즉, 이쪽이 먼저 제안하면 상대가 교육훈련을 거부할 것이라고 지레 짐작하여 제안을 미루거나 안 하게 되어, 최악의 경우에는 쌍방에게 손해가 되는 결과가 된다.

자만감과 자기중심적 환상에 빠져 있다

많은 협상자들이 자신의 협상 능력을 과신하고 스스로 오만에 빠져 있다. 그렇기 때문에 상대방과 협력하거나 양보하려 들지 않아 그만큼 협상을 타결하는 데 어려움을 겪는다. 이러한 오만과 과신의 원인으로는 3가지를 들 수 있다.

▌자기중심적 환상에 빠져 있다

협상자들은 스스로 상대방보다 다방면으로 능력 있고, 리더십이 있으며, 협력적이라 생각하는 우월적인 환상illusion of superiority, 준비를 미흡하게 하면서도 결과는 좋게 나오리라는 낙관적인 환상illusion of optimism과, 자신의 능력이 뛰어나 협상의 진행과 상황에 영향을 미쳐 통제할 수 있다고 착각하는 통제의 환상illusion of control에 빠져 있다.

▌상대방의 상황과 협상 전략에 대한 분석이 소홀하다

협상 상대방을 가볍게 보거나 자신을 과대평가하여 자만감에 빠지게 되어 상대방의 협상 계획과 전략, 협상 목표, 협상 목록, 대안best alternatives to negotiable agreement: BATNA, 상대방의 내부 이해관계, 상대방의 성향 및 선택의 우선순위 등을 미리 분석하지 않고 협상에 임한다.

▌정보의 함정에 빠져 있다

불리한 정보는 무시해버리고 좋은 정보만을 선택하여 좋은 쪽으로만 생각한다. 즉 간신들의 달콤한 말에만 귀를 기울이고 충신들의 쓴소리에는 귀를 닫아버린다. 또한 자신이 일단 설정한 협상계획과 전략에 반하는 불리한 정보가 들어오면 외면하려 하거나 제대로 검토해보지도 않고 원래 계획을 고수한다.

따라서 협상자들이 자만과 오만에서 벗어나려면 이 3가지 원인을 해결하기 위해 의식적으로 노력해야 한다.

시간 관리에
취약하다

S사 협상단이 해양구조물 수주를 위해 동남아시아에 출장을 갔을 때의 일이다. 싱가포르 L사의 해양구조물 공급과 설치를 위한 입찰에 참여해 두 번째 우선 협상 대상자second lowest로 선정되었다. S사 협상단은 먼저 싱가포르 L사와 이틀 일정으로 협상할 계획이었고, 둘째 날 오후 6시에는 대만 C사와 협상하기 위해 항공 편으로 이동해야 하는 상황이었다. 싱가포르 L사와의 협상이 오래 걸릴 것 같지 않았고, 그 당시에 다른 회사와의 협상도 여러 건 걸려 있어 일정을 다소 무리하게 잡았다.

L사와의 첫날 협상은 '기술적 제안technical proposal' 내용 중 L사가 직접 확인해볼 사항에 대한 점검목록을 S사 협상단에 제시하고 이 목록에 대한 질의와 응답으로 마무리지어졌다. 그 다음날은 반나절 남짓 남겨두고 '상거래적 제안commercial proposal'에 대한 협상을 시작하면서 구매 수량, 납품 및 설치시기, 인력 및 장비동원 계획, 프로젝트 일정 및 일정관리 등에 대한 문제를 순조롭게 진행했다. 그러나 예상과는 달리 설비공급 및 설치의 가격에서 진전이 안 되고 시간이 많이 소요되었다. S사가 싱가포르에서 유사한 프로젝트에 경험이 많은 것을 알고 있던 L사는 가능하면 S사가 프로젝트를 수주하여 시행해주기를 원하는 듯했다. 그래서인지 우선 협상 대상자first lowest와 세 번째 우선 협상 대상자third lowest를 활용하여 가격을 하향 조절하도록 S사에 압박을 시작한 것이었다.

양측 주장이 팽팽히 맞서 합의가 안 되고 시간만 계속 흐르고 있었다.

둘째 날 오후에 대만 C사와의 협상을 위해 늦어도 3시까지는 이 협상을 끝내고 항공 편으로 이동해야 하는데, L사에서는 S사가 수주를 하려면 입찰 금액인 2,500만 달러에서 100만 달러를 더 내려야 한다고 주장했다. 우선 협상 대상자의 입찰 금액은 2,450만 달러이고 세 번째 우선 협상 대상자의 입찰 금액은 2,600만 달러 정도로 추정되었다. 우선 협상 대상자와 세 번째 우선 협상 대상자와의 협상에서 가격이 다소 조정될 것으로 예상하여 S사가 수주를 하려면 2,400만 달러 이하로 조정해야 한다는 뜻이었다. 물론 우선 협상 대상자와 세 번째 우선 협상 대상자와의 협상 결과에 따라 달라질 수도 있지만 L사의 예상으로는 그렇다는 것이다.

시간이 흐르면 흐를수록 S사 협상단은 초조하고 불안해지기 시작했다. 싱가포르까지 출장을 왔으니 수주를 하기는 해야겠는데, 시간은 촉박하고 보유한 정보는 한정되어 있어 수주가 가능한 가장 적정한 가격을 어느 선으로 보아야 하는지 결정하기가 매우 힘들었다. 시간이 거의 다 되어 어떻게 해서든 결정을 내려야 할 때, S사 협상단은 일단 수주를 위해 싱가포르의 L사가 제시하는 가격을 받아들였다. 수주를 한 다음 프로젝트를 시행하는 과정에서 경비 등을 절감하여 손실이 없게 하자는 데 내부적인 의견일치를 보았던 것이다. 시간적인 여유가 있었더라면 좀 더 세밀하게 관찰해 가장 적정한 수주 가격을 파악할 수 있었을 텐데, 다음 일정을 맞추기 위해 더 머무를 시간이 없어 여기서 양보할 수밖에 없었다. 결국 일정 및 시간 관리를 잘못하여 협상에서 손실을 보게 된 것이다.

나중에 알고 보니 L사에서는 S사 협상단의 일정을 미리 알아내고 첫날 협상을 여유롭게 진행하여 시간을 끄는 지연작전을 폈던 것이었다. 정보를 활용한 지연작전은 종종 협상에서 결정적이기 때문에 상대방이 쉽게 활용할 수 없도록 정보관리를 철저히 해야 한다는 것을 새삼 깨달았다. 마찬가지로 L사와 같이 정보를 활용하여 시간을 관리하는 작전을 펼쳐야 함도 깨달을 수 있었다.

협상에서 시간은 성과에 지대한 영향을 주는 중요한 요소이며 또한 큰 힘을 발휘한다. 협상은 시간과의 싸움이기 때문이다. 협상을 의도적으로 또는 비의도적으로 지연시켜 협상 상대방에게 불안감과 초조함을 유발해 우리 쪽으로 유리하게 가격을 낮출 수 있다. 이 과정에서는 협상 당사자에게 결정권이 없어 결정을 내리지 못해 더 지연되는 경우가 있기도 하다. 월·분기·반기·연간 수주 및 매출 목표를 기한 내에 달성해야 하는 판매담당 영업직원에게 있어서 시간은 협상 성과와 직결된다. 시간이 계속 지연될수록 영업직원의 협상력은 약화되고 상대의 협상조건을 그대로 받아들일 수밖에 없는 상황에 도달하게 된다. 구매자는 이를 최대한 활용하여 그들이 원하는 방향으로 협상 성과를 얻어내고자 한다. 판매자 시장 seller's market 이냐 생산자 시장 buyer's market 이냐에 따라 다르겠지만, 이렇게 시간에 쫓겨 막판에 양보를 많이 하는 예를, 특히 세일즈 부문에서 많이 볼 수 있다. 때문에 수주나 매출 실적이 막판에 몰리지 않도록 미리미리 대비를 하는 것이 바람직하지만 피치 못할 사정으로 어차피 양보해야 할 상황이라면, 시간계획에 맞추어 미리 양보에 대한 전략과 계획을 수립하여 이에 대비해야 한다. 양보를 하더라도 전략과 계획이 있어야 한다.

양보를 지속적으로 미루다가 시간이 얼마 남지 않게 되면 더욱 벼랑 끝으로 몰리게 된다. 강박감 없이 상황에 따라 양보할 사항과 정도를 계획하여 그에 따라 순차적으로 진행해야 양보의 폭을 최대한 줄일 수 있다.

이것만은 기억하자

협상에서 우리의 약점이 무엇인지 확인하고 약점을 최대한 보완하여 협상 성과에 미칠 영향을 최소화한다.

- 협상 목표를 소극적으로 낮게 설정하고 있지는 않은가?

- 인간관계에 너무 의존하여 준비에 소홀하지는 않은가?

- 상대국의 문화와 관습에 대해 충분히 공부해두었는가?

- 협상 성과에 너무 집착하여 무리수를 두고 있지는 않은가?

- 협상 중에 불필요한 말을 너무 많이 하고 있지는 않은가?

- 대안을 충분히 준비하여 협상에 서 활용하고 있는가?

- '전부가 아니면 전무' 의 사고에 빠져 양보교환에 미숙하지는 않은가?

- 자신을 과신하여 자기중심적 환상에 빠져 있지는 않은가?

- 협상 준비와 진행을 위한 시간 계획을 수립하여 철저히 관리하고 있는가?

04

협상 성과에 영향을 미치는
핵심 요소에 주목한다

우리는 협상을 거론할 때 서로 만족하는 윈-윈 협상을 강조한다.

그러나 윈-윈 협상은 무조건 서로 사이좋게 50 대 50으로

나누어 가진다는 의미가 아니다. 협상에도 게임의 본질이 가미되어 있다.

게임에서 지면 사기가 저하되고 재정적인 부담을 지는 것과 마찬가지로

협상에서도 지면 재정적인 손실은 물론 여러 가지 부담을 안게 되는

것이다. 협상에서 이기고 지는 데는 여러 가지 요소가 작용한다.

협상에서 이기려면 성과에 영향을 미치는 요소를 잘 활용하여

이길 수 있는 쪽으로 움직여야 할 것이다.

협상 성과에 영향을 줄 수 있는 핵심 요소는

협상 당사자의 직위와 권한, 공신력 있는 자료와 정보, 시간, 관계성,

전략과 전술, 의존성, 의지, 인내력 등이다.

지식과 정보는
협상 성과에 많은 영향을 준다

어떤 의미에서 협상 과정은 정보 수집과 정보 교환의 연속적인 과정이라 해도 과언이 아니다. 협상 테이블에서는 정확한 정보를 바탕으로 상대에게 요구조건을 제시해야 필요한 것을 효율적으로 얻어낼 수 있다. 협상 준비 과정부터 마무리까지 수집해야 할 정보는 수없이 많지만 상대방에게서 입수해야 할 가장 기본적인 정보는 다음과 같다.

- 협상의 목적과 목표

- 협상 대상 목록

- 입장과 처지

- 협상 전략과 전술

- 협상 대안

- 내부 이해관계자의 견제 여부

- 시간제약 time pressure

- 이 협상에 대한 의존도

- 상대방 협상 대표와 수행자들의 개인적 정보(성격, 이해력, 사생활 등)

"지피지기면 백전불태(知彼知己百戰不殆, 적을 알고 나를 알면 백 번 싸워도 위태롭지 아니하다)"라 했으니, 상대방의 정보를 파악하는 것도 중요하지만 먼저 내 자신에 대한 정보를 제대로 파악하는 것도 중요하다. 상대에 대한 정보는 물론 나에 대해서도 충분히 알아야 대책 수립이 가능한 것이다. 정보는 되도록 많을수록 좋으며 믿을 만한 정보, 즉 신뢰할 수 있는 정확한 정보를 얻는 것이 중요하다. 또한 정보를 분석하여 진위 여부를 판단할 수 있는 능력을 갖추어야 한다. 과거의 유사한 협상사례, 특히 협상 상대방의 과거 협상 사례를 분석해보면 좋은 자료를 얻을 수 있을 것이다.

협상 중에 상대방의 주요 정보를 알아내기 위해서는 양방향 커뮤니케이션에 의거하여 상호 주고받는 식이 되어야 한다. 상대방에게서 정보를 입수하려면 우리 측 정보도 어느 정도 풀어주어야 원활한 소통이 이루어질 수 있다.

정보의 중요성을 알려주는 한 가지 사례가 있다. 필자가 S그룹사에서 근무할 때의 일이다. 미국 G사의 구매담당 과장과의 항공기 엔진 부품 수주를 위한 협상을 며칠 앞두고 오래전부터 잘 알고 지내는 G사의 항공기 엔진 개발사업부 과장과 국제통화를 하면서 최근의 사업 진행상황, 경쟁상황, 구매정책, 구매담당 과장의 최근 동향과 개인생활에 관해 알아보았다. 그 과정에서 중요한 정보들을 들을 수 있었다. 먼저 미국 G사의 이번 항공기 엔진부품 구매는 한국 공군에 공급하는 전투기 판매에 대한 오프셋[Offset, 무기판매국이 군수물자를 해외에 판매할 때 군수물자 구매대금의 일정률에 해당하는 제품이나 서비스를 무기구매국으로부터 다시 사는(buy back) 것] 정책과 연계되어 있으며, 군사동맹국에 대한 예우로서 항공기 엔진 개발사업에 한국 업체를 적극 참여시켜 한국에서 부품구매를 가능한 한 늘리게 하려는 계획이 있다는 것이다. 그리고 이번 구매 협상 대표를 맡은 G사의 구매담당 과장은 두 달 후에 다른 업무를 맡을 것으로 예정되어 있어 구매협상을 되도록 그 전에 마무리할 생각이며, 개인적으로 부인과의 관계도 원만치 않다는 것이었다. 전화통화로 얻은 주요 정보를 요약해보면 다음과 같다.

- 이번 구매는 한국 공군에 공급하는 전투기 판매에 대한 오프셋 정책과 연계되어 있어 한국으로부터의 부품 구매를 가급적 성사시켜야 한다는 점
- 군사동맹국에 대한 예우로 항공기 엔진 개발사업에 한국 업체를 적극 참여시켜 한국으로부터 부품 구매를 가능한 한 늘리려고 계획한다는 점
- G사의 구매담당 과장은 두 달 후에 다른 업무를 맡을 예정이어서 이번 구매 협상을 되도록 그전에 마무리할 생각이며, 가정 생활도 원만치 않다는 점

이러한 정보는 S사가 협상 전략을 수립하는 데 매우 유용한 것이었다. 즉 한국으로부터 부품을 구매할 필요성이 분명히 있으므로 품질과 납기에 대한 확신만 심어주면 수주 가능성이 높아지는 상황이었던 것이다. G사 구매담당 과장의 타 부서 전출과 사생활에 대한 정보를 분석해보면, 그가 뭔가에 쫓기고 있으며 정서적으로 편치 못해 집중력이 약할 것으로 예측할 수 있었다. 일반적으로 이런 상황에 접하면 누구든 눈앞의 협상을 서둘러 마무리하고 싶어 하고 성과에 집착하게 된다. 타 부서로 가기 전에 서둘러 마무리해야 한다는 강박감이 있기 때문이다. G사의 구매담당

과장도 마찬가지였다.

결국, 그 당시 S사에서 협상을 위해 출장을 갔던 팀과 필자는 서두르지 않고 구매담당 과장이 처한 상황을 최대한 활용하면서 협상에 임했다. 양보는 가능한 한 천천히, 적게 하면서도 당초 목표에 가까운 성과를 거둘 수 있었다.

이와 같이 정보를 분석하여 협상에 활용하면 좋은 성과를 기대할 수 있을 것이다. 앞의 사례에서 만약 협상 전에 S그룹사 협상단이 미국 G사의 내부 사정과 구매담당 과장에 대한 정보 없이 늘 하던 대로 협상에 임했다면, 수주에만 급급하여 그들이 요구하는 조건을 대부분 들어주고도 오히려 고마워하며 주문을 받았을 것이다. S사는 당시 부품 사업 확장을 구상하던 참이었는데, 미국 G사로부터의 수주는 가뭄에 단비처럼 아주 소중한 물량이었기 때문이다. 이와 같이 지식과 정보는 비단 협상뿐만 아니라 모든 일에 필요하고 중요하게 작용한다. 지식과 정보가 기업의 이익에 크게 기여하는 사례를 필자는 많이 보아왔다.

도전적인 목표를 설정한다

우리는 가정에서든 사회의 어느 조직에서든 '목표를 어떻게 정해야 하나?', '목표가 얼마인가?', '목표를 얼마나 달성했나?'와 같이 목표에 둘러싸여 살고 있다. 과연 '목표'가 무엇이기에 우리는 항상 목표와 함께 살아야 하는가? 다른 동물과 달리 우리 인간이 살아가는 이 사회에서는 목표 설정이 인간의 발전에 많은 영향을 미치고, 우리의 삶을 개선해나가는 이정표 역할을 하기 때문이다. 목표가 없으면 도달점을 정하지 못해 방황하게 되며 더는 발전하지 못하고 주저앉아 퇴보하게 된다.

협상에서도 얻고자 하는 목표가 있기 마련이다. 협상 목표를 낮게 설정했다가 나중에 다시 높이기는 매우 어려운 일이다. 목표를 도전적이고 구체적으로 설정해야 그것을 달성하기 위해 최선을 다하여 노력하게 된다.

주의해야 할 점은 목표설정을 아무 근거 없이 높게 잡아서는 현실성이 없다는 것이다. 과거의 협상 전례나 경험, 현재의 상황과 능력 등을 감안하여 목표를 설정해야 한다. 협상 목표를 설정할 때는 도전적으로 정하되, 합리적인 수준 Challenge-able, but feasible goal 으로 잡아야 한다.

그렇다고 목표를 해오던 수준에서만 정할 필요도 없고 그래서도 안 된다. 일류대학 진학을 목표로 공부하는 수험생과 삼류대학 진학을 목표로 공부하는 수험생의 자세와 노력은 다르다. 일류대학 진학을 목표로 공부하는 수험생은 높은 점수를 얻기 위해 더 노력할 테고 결국 좋은 점수를 얻어 원하는 대학에 진학할 확률이 높아진다. 도전적이고 구체적인 목표를 설정함으로써 협상 당사자의 기대 수준이 높아지고 이를 달성하기 위한 성취동기도 높아지면서 최선을 다해 노력하게 되고 결과적으로 만족할 만한 협상 성과를 얻을 수 있다. 즉 '목표가 높을수록 얻는 것은 더 많아진다 Aim higher, and you will obtain better .'

하지만 우리나라 기업에서 일어나는 현상을 보면 협상 당사자들은 협상 목표를 되도록 낮게 설정하려고 한다. 왜냐하면 협상 성과에 대한 문책의 두려움 때문이다. 필자도 회사에서 근무할 때 어려운 협상을 담당하게 되면 가능한 한 목표를 낮게 잡아 경영층과 관계 부서를 설득하려고 애쓴 적이 있다. 인간은 누구나 이러한 본능을 가지고 있다. 협상 목표를 가능한 한 낮게 설정하는 의도는 2가지로 정리할 수 있다. 우선 협상자의 자기보호수단self protection device 이 작용하는 것인데, 협상을 잘해 조직의 이익을 극대화하겠다는 욕구와 조직 내에서의 신분 보장과 유능한 조직원으로 인정받으려는 욕구가 상충하기 때문이다. 대부분의 사람들은 조직 내에서의 신분 보장과 유능한 조직원으로 인정받으려는 욕구가 더 강하게 작용할 것이다. 다른 하나는 협상 성과가 나쁠 때 받게 될 비난에 대한 두려움, 협상자 자신이 심리적으로 만족하지 못하는 죄책감, 조직 내부에서 받게 될 질책 때문이다.

협상자들이 대부분 목표를 설정하는 데 이상적이라고 생각하는 기준이 있는데, 협상 목표를 설정하는 데 이 기준을 적용하면 다음과 같다. 협상 목표를 'SMART'하게 설정을 하라는 것이다. 'SMART'는 5개 영문 단어의 첫머리를 따서 만든 글자다.

▌Specific : 목표를 구체적이고 명확하게 설정한다.

협상 목표를 설정할 때는 육하원칙에 의거하여 누가, 언제, 어디서, 무엇을, 왜, 어떻게 해야 하는지가 구체적이고 분명하게 드러나도록 해야 한다. 그래야만 협상 목표를 이해하기 쉽고 실천하기도 쉽다. 협상 목표를 대충 세우면 시간은 덜 걸리겠지만, 막상 협상을 진행하는 동안 협상 안건 간에 상호 혼선과 충돌이 일어날 수 있어 목표한 대로 성과를 거두기가 어려워진다.

예를 들어 A기업에서 신속하게 일사천리로 목표를 설정하여 시간을 단축시켰으나, 막상 협상을 수행하는 과정에서 해결해야 할 문제가 많이 발생해 진행이 느려지고 협상을 진전시키는 데 큰 어려움을 겪었다고 가정해보자. 결국 목표 설정에는 시간을 절약했어도 협상을 실행해 결과를 얻기까지 전체적인 시간을 보면 오히려 더 많은 시간이 들 수 있다. 따라서 시간이 걸리더라도 제대로 검토해 구체적이고 명확한 목표 설정을 해야 한다.

▎Measurable : 측정 가능하게 설정한다

협상을 진행하는 동안 중간 성과와 최종 성과를 점검해보려면, 협상의 목표 수준과 실적을 비교해보아야 한다. 따라서 애매모호한 표현보다는 측정 가능한 수치나 크기로 협상 목표를 나타내는 것이 좋다.

▎Action-oriented : 행동지향적으로 설정한다

협상 목표는 이론적으로 끝나지 않고 행동으로 옮길 수 있도록 설정해야 한다. 또한 협상 목표가 실천에 옮겨질 수 있도록 세부 전략이 수립되어 협상을 원활하게 진행할 수 있도록 해야 한다. 목표를 세부적으로 설정하지 않으면 실천하는 과정에서 문제가 생기거나 차질이 발생했을 때, 이를 해결하고 회복시키기가 어려울 뿐만 아니라 목표달성의 가능성이 낮아질 수도 있다.

▌Result-oriented : 결과지향적으로 설정한다

협상 목표를 도전적으로 설정해야 한다고 해서 막연히 높게 잡아서는 현실성이 없다. 도전적인 목표에도 정도와 기준이 있다. 객관적으로 보아 타당성이 있어야 한다. 예를 들어 지금까지 개당 10만 원에 공급해온 제품을 충분한 이유와 근거 없이 갑자기 15만 원으로 공급단가를 올려달라고 협상한다면 과연 상대방이 신뢰를 할 것이며 그 요구를 들어줄 것인가? 협상 목표의 설정도 객관적으로 타당한 수준이 있는 것이다. 도전적인 목표를 객관적으로 정할 수는 없지만 필자의 생각으로는 대략 120퍼센트 정도라면 적당한 수준이라고 생각한다.

▌Time-bound : 시한을 설정한다

협상 목표를 달성해야 하는 시점을 무한대로 길게 잡을 수는 없다. 목표를 달성해야 하는 유효한 시점이 있다. 따라서 각각의 목표를 달성할 시점을 명기해야 한다. 그래야만 협상 목표를 달성하는 의미와 효과가 있기 때문이다.

협상자의 권한을 활용하여 양보를 최대한 받아낸다

협상 당사자가 의사결정권을 어느 정도로 가지고 있느냐에 따라 협상 성과가 달라질 수 있다. 협상 당사자에게 의사결정권이 많이 주어지지 않으면 협상을 진행해나가기 어려울 뿐만 아니라 협상 상대방에게 신뢰를 받지 못하여 그로부터 양보를 얻어낼 가능성이 적어진다. 만약 협상 상대방이 나로부터 양보를 얻어낼 것을 기대하고 나에게 먼저 양보했는데 내가 권한을 많이 가지고 있지 않다는 것을 알게 되면, 다른 양보를 얻어낼 보장이 없어지기 때문에 상대방이 내놓으려고 했던 양보도 도로 거둬들이게 된다. 결국 협상은 어려워지게 되고 상호 양보의 교환도 이루어지지 않아 만족한 협상을 기대하기 어렵게 된다. 협상 당사자가 권한을 많이 가지고 있을수록 협상 상대방에 대해 강력한 협상력을 발휘할 수 있고, 필요한 양보를 많이 얻어낼 수 있어 만족스러운 협상 결과를 이끌어낼 가능성이 높아진다.

대개 동양권에서는 의사결정권이 협상단보다 본사에 집중되어 있다. 심지어 해외에 나가 협상을 할 때도 본사가 협상단에 많은 권한을 위임해 주지 않기 때문에 사소한 것을 제외하고는 대부분 지침을 받아 협상을 진행한다.

서양권에서는 협상단에 많은 의사결정권을 부여한다. 따라서 같은 협상단 내에서는 협상 대표가 모든 것을 최종 결정하고 지휘·감독한다. 미국 기업의 협상단이 한국에 와서 국내 기업과 협상을 할 때, 본사에서 권한을 위임받은 협상단은 큰 재량권을 가지고 협상을 한다. 따라서 그들은 만족스러운 협상 성과를 낼 가능성이 그만큼 높다.

특히 동양권의 협상 문화에서는 협상자의 사회적 지위나 조직 내 계급과 권한이 중요하다. 보편적으로 협상 상대방이 높은 지위에 있다는 것은 협상 테이블에서 합의된 내용을 내부적으로 승인하거나 비준받는 포지션 파워 position power 가 그만큼 크다는 것을 의미하기 때문이다.

상대방이 요구하는 조건을 받아들이면 조직에 큰 부담이 될 것으로 예상될 때, 이를 무마하기 위한 일종의 전술로 조직 내부의 동의를 이용한다. 즉 협상 상대가 어려운 요구를 하면서 압박해오면, 조직 내부에 견제 세력이 있기 때문에 협상 테이블에서 자신이 결정하더라도 조직 내부의 동의를 얻어야 하므로 당장은 확답을 줄 수 없다고 핑계를 대어 빠져나가거나 부담을 줄이는 전술이다. 조직 내부의 견제세력은 상대방의 기세를 꺾을 수 있는 든든한 지원군이 될 수도 있다. 협상 전과 협상 중에 협상단을 지원하기 위해 조직 내부의 견제 세력이 외곽을 두드리면서 엄포를 놓는 경우가 이에 해당한다. 이러한 전술은 국가 간 협상에서 미국 정부 관료가 흔히 사용하는 협상전술로, "미국 정부는 받아들일 수 있으나 의회의 동의를 얻어야 한다"거나 "의회의 반대 때문에 도저히 안 되겠다"고 둘러대어 곤란한 상황을 빠져나가는 경우를 자주 볼 수 있다.

최근의 예를 들자면, 한·미 FTA 협상이 막바지에 다다라 2007년 3월 26일부터 최종 합의가 될 때까지 계속 진행되는 끝장토론(시한은 3월 31일 오전 7시까지)을 눈앞에 두고, 미국 의회는 미국 협상단이 한국으로 건너오기 전에 "농업 분야에서 만족할 만한 타결이 없으면 한·미 FTA에 대한 미국 의회의 비준은 없다"라고 엄포를 놓으며 배후 지원을 해주었다. 즉 내부의 견제 세력들이 자기들에게 협상 결과가 만족스럽지 못하면 결정 사항을 받아들이지 않겠다고 으름장을 놓아 상대방에게 고압적으로 의사를 전달하려는 전술인 것이다.

우리 정부 관료들도 국민과 국회를 든든한 견제 세력으로 활용한 사례가 있다. 한국 정부도 미국의 쇠고기 수입 관련 협상과 한·미 FTA협상을 할 때 한국 의회의 동의조건을 내세워 합의를 미루고 조건을 수정했다.

마찬가지로 일반 기업에서도 협상할 때 관리본부 등의 조직 내부의 견제세력을 핑계로 상대방의 무리한 조건을 완화시키거나 거절하는 경우가 많다. 일반 기업의 영업 부문에서 외국 기업의 구매부서와 협상할 때 관리 본부를 내부 견제세력으로 삼아 활용할 수 있다. 그러나 이러한 전술은 상황에 따라 적절히 활용해야 한다. 협상 상대에 대한 우리의 의존도, 입지, 시간 등을 철저히 고려해야 한다. 섣불리 사용하면 이러한 전술이 효력을 발휘하지 못하고 오히려 약점을 드러내어, 불리한 상태로 내몰리게 될지도 모른다.

좋은 유대관계는 설득력을 강화시켜준다

개인과 개인의 관계든, 기업과 기업의 관계든 상대방과의 유대관계는 소홀히 할 수 없는 중요한 일이다. 그동안 상대방과 인간적인 관계나 거래적인 관계를 얼마나 잘 유지해왔느냐가 협상 과정에서도 나타나게 된다. 협상자 상호 간에 어떤 관계가 형성되어 있느냐에 따라 협상의 결과가 달라질 수 있다. 쌍방이 서로 협력하는 협조적 관계 supportive relationship 로 발전할 수도 있고, 눈앞의 거래에만 눈독을 들이는 거래적 관계 transactional relationship 로 치달을 수도 있다.

쌍방 간에 협조적 관계가 형성되면 상호 이익을 얻을 수 있는 윈 - 윈 협상이 이루어질 수 있을 것이며, 협상자 간에 신뢰, 존경, 공감대 등이 형성되어 장기적인 관계의 지속도 가능할 것이다. 협상자 간에 깊은 유대 관계가 형성되어 있으면 좋은 협상 성과를 기대할 수 있으며 시너지 효과도 거둘 수 있다. 그러나 거래적 관계로만 관계가 형성되면 일회성 거래로 끝날 가능성이 높으며, 이번 거래에서 최대한 얻어내자는 경쟁 관계로 치닫게 되며, 장기적 신뢰나 신의보다 눈앞의 이익에 집착하게 된다.

따라서 협상에서 상호 만족할 수 있는 결과를 얻기 위해서는 협상자들 간에 호혜적인 관계를 형성할 필요가 있다. 호혜적인 관계를 형성해나가기 위해서는 다음과 같은 몇 가지 요건이 필요하다.

우선 신뢰를 쌓는 것이다. 협상자 간의 신뢰 수준이 높으면 좋은 관계가 형성되고 서로 협조하기가 쉬워진다. 신뢰를 쌓으려면 개인적으로 먼저 기본적인 매너를 갖추어야 하고, 시간 약속에 철저해야 하며, 특히 금전적인 문제에서 분명하고도 깨끗해야 한다. 업무적으로는 약속한 일을 미루거나 빼놓지 말고 철저히 이행하는 모습을 보여줘야 한다. 상호 간에 신뢰가 형성되면 중요한 일도 서로 허심탄회하게 상의하게 되고, 도울 수 있는 일이 있으면 거리낌 없이 발 벗고 나서서 지원해줄 것이다. 필자의 경험으로는 상대방에게 신뢰를 얻는 일은 1~2년 만에 되는 것이 아니었다. 상당한 시간과 지속적인 노력이 필요했다. 늘 매너 있게 행동하고 시간 약속을 철저히 지키는 등 상대방이 인정할 수 있는 모습을 보여주는 것이 중요하다고 본다.

공통점commonality을 발견하여 서로 나누고 함께 즐기는 것도 호혜적인 관계를 형성하는 데 필요하다. 협상자 간에 취미, 가치체계 등에서 공통점이 많으면 관계 형성이 수월해진다. 우리말에 유유상종이라는 말이 있다. 취미생활이 같으면 서로 어울리는 일이 잦아지고 진솔한 대화를 나눌 수 있어 서로를 이해하게 된다. 더욱 가까워지는 계기가 되는 것이다. 예를 들어 협상 상대가 등산을 좋아하면 산에 함께 오를 기회를 자주 만드는 것이 좋다. 꾸준히 만나다 보면 저절로 절친한 사이가 될 수 있다. 이러한 관계가 형성되면 서로에게 해결해야 할 문제가 생겼을 때 도움을 받을 수 있다. 서로 관심 있는 일에 대한 경험담을 나누며 공감대를 형성함으로써 일체감과 동료의식을 가지게 되는 것이다. 또한 상호 관심mutual concern을 가지고 상대방에게 일어나는 일에 주의를 기울여 좋은 일에는 함께 기뻐하고 나쁜 일에는 함께 슬퍼하며, 서로 위로와 방패막이 되어준다면 긴밀한 관계가 어렵지 않게 형성될 수 있다.

특히 관계지향적 협상 문화relationship oriented negotiation의 성격이 비교적 강하게 나타나는 동양권에서는 유대관계 형성이 매우 중요하다. 관계지향적 협상 문화에서는 협상에 들어가기에 앞서 먼저 쌍방의 일반적인 사항이나 개인적인 취미 또는 생각을 교환하면서 관계 형성을 한 다음 본 과제로 들어가는 것이 보통이다. 관계지향적 협상 문화의 경향은 동양권에서 강하게 나타나며, 이러한 요인이 협상 과정에서 차지하는 비중도 크고 영향력도 강하다.

한국이나 일본, 중국 등 동양권에서는 접대를 중요시 하여 고객이 방문하면 오는 날부터 후하게 대접하기 시작해 돌아가는 날까지 접대가 이어진다. 이런 관계를 형성한 후에 협상에 들어가면 접대효과가 어느 정도 나타나는 것이 사실이다. 동양권에서는 정情으로 통하는 경우도 많기 때문이다. 그만큼 서양권보다 유대관계가 중요시된다.

그러나 서양권에서는 업무지향적 협상 문화task oriented negotiation가 지배적이기 때문에 유대관계의 형성이 본 협상에 영향을 미치는 경우가 매우 적다. 업무지향적 협상 문화는 관계 형성보다는 업무가 중심이 되며, 정보 교환이나 사실 확인을 위한 구체적인 협상을 중시하는 협상 문화이기 때문이다. 서양권에서는 대체로 국가나 기업에 상관없이 이러한 협상 문화의 경향이 강하게 나타나는 편이다.

상호 의존성이 높을수록 원-원 협상 가능성은 커진다

1990년대에 필자가 환경설비사업을 할 때, 미국의 D사와 대리점 계약을 맺어 D사의 대기오염방지 장비를 수입하여 국내에 판매했었다. 그때 거래한 D사는 다국적 기업으로 대기오염방지 설비 생산과 공급에서 세계 선두그룹에 속했으며, 성능과 품질 면에서 우수성을 인정받아 당시에도 국내 대기업에 조금 알려져 있었다. 대기오염방지 장비는 여과기filter가 생명인데 D사의 여과기는 동일 분야 경쟁사의 제품과 달리 독특한 방식으로 개발되어 성능이 우수했다. 특히 정밀제품을 생산하는 공장에서는 D사의 제품이 적격이었다. 그 당시 광학렌즈 가공공장에서 분진제거 장비로 사용해온 집진 설비의 성능이 좋지 않아 골치를 앓고 있던 S사는 미국 D사의 제품에 관심을 쏟기 시작했다. S사는 이 장비의 필요성을 절실히 느끼고 있었다. D사의 장비는 다른 업체의 장비보다 가격이 약 25퍼센트가량 높았음에도 불구하고 S사는 집진 성능을 개선하기 위해 D사의 장비를 선택할 수밖에 없었다. 때문에 D사의 장비에 대한 의존도가 매우 높았던 S사로서는 미국 D사 대리점이 제시한 조건에 따를 수밖에 없었다. 만약 S사가 좀 더 시간적 여유를 가지고 세계시장에서 미국 D사 장비에 견줄 만한 상품을 찾아냈다면 미국 D사에 대한 의존도가 그렇게 높지는 않았을 것이다.

이처럼 비즈니스에서는 오로지 상대방에게 의존하는 상황을 만들어가서는 안 된다. 한 가지에만 매달리는 것을 사전에 방지하기 위해 모든 가능성을 열어놓고 조사하고 개발해야 한다. 일방적으로 의존하는 관계가 아니라 상호 의존하는 관계를 형성하여 서로를 필요로 하는 관계가 되어야 한다. 그래야만 상호 호혜적인 협상, 윈 - 윈 협상으로 갈 수 있기 때문이다. 위의 경우는 일방적인 의존에 가까운 사례이고 상호 의존적인 관계를 형성한 사례를 하나 소개하자면 다음과 같다.

필자가 S그룹사에 근무할 때인 1990년대의 일이다. 미국의 P사는 민간 항공기와 전투기용 엔진을 만드는 업체였는데, 엔진의 기본 설계와 조립과 같은 중요 부품은 자체 공장에서 생산하고, 인건비 상승에 따른 원가 부담을 덜기 위해 기타 부품은 관련 기술을 어느 정도 보유하면서도 인건비 수준이 자국보다 낮은 한국 등 몇몇 국가에서 생산하기를 원했다. 그 중에서도 미국과 군사적으로 끈끈한 동맹관계에 있고 비교적 전투기를 많이 구매하는 한국에 관심이 많았다. 한국 공군에 대한 전투기 판매와도 연결되고, 항공기 엔진용 부품의 공동개발도 가능하여 한국 업체가 적격이라고 생각했을 것이다. 한국에서는 국가의 방위산업 강화정책에 의거해 방산 부품의 국산화율을 높여가고 있던 터라 한국 업체로서도 미국 P사의 제의를 마다할 이유가 없었으며, 오히려 적극 동참하고 싶은 것이 본심이었다. 미국 P사 입장에서 보면 항공기 엔진용 부품을 비교적 저렴한 가격으로 안전하게 조달할 수 있고, 미국정부의 입장에서도 한국 공군에 전투기를 판매할 수 있는 발판을 만들 수 있는 좋은 계기가 될 수 있었다. 한국 업체로서는 항공기 엔진용 부품의 공동개발에 따른 기술 획득과 물량 확대를 가지고 올 수 있어 좋고, 한국정부의 입장에서는 방산 부품의 국산화율을 높여나갈 수 있어 모두가 좋은 결과를 가져올 수 있었다. 이와 같이 상호 의존적인 관계에 있을 때 서로 협력적인 협상이 가능하며 쌍방에 이익을 가져오게 되어 시너지 효과를 기대할 수 있는 원 - 원 협상으로 갈 수 있다.

'누가 더 상대를 필요로 하느냐', '누가 상대에 대한 의존도가 더 높으냐'에 따라 협상력은 달라진다. 당연히 상대에 대한 의존도가 높은 쪽의 협상력이 약할 수밖에 없다. 만약 협상 상대에게 전적으로 의존해야 할 상황이라면, 어느 정도 손해를 보더라도 협상을 타결시켜야 하므로 결국은 불리한 협상을 하게 될 것이다.

시간 제약은
큰 약점으로 작용한다

회사원 김만수는 노트북에 사용할 랜카드를 사기 위해 전자상가에 들렀다. 인터넷으로 미리 검색을 해보니 가장 마음이 드는 것이 S사의 제품으로 7만 원이면 살 수 있을 것 같았다. 저녁 6시에 전자상가에 들른 김만수는 시간에 매우 쫓기고 있었다. 고객과 상담 약속이 있어 6시 30분까지 약속 장소로 가야 하는데 시간이 얼마 남지 않은 것이다. 더욱이 차까지 불법주차 시켜놓은 상태다. 김만수는 이런 자신의 급한 처지를 전자상가 점원에게 내비쳐버렸다. 이것은 큰 실수였다. 이 사실을 눈치 챈 점원은 인터넷 판매 가격보다 높은 10만 원을 불렀다. 김만수가 생각한 최종 목표 가격은 7만 원이었지만 시간에 쫓기는 데다 불법주차에 걸리면 벌금으로 몇 만원을 물어야 하는 상황이었기 때문에, 김만수는 10만 원을 지불할 수밖에 없었다. 고객과의 약속시간과 주차단속에 대한 염려로 불안한 마음에 다급해져서 상대방이 요구한 조건에 반박할 시간도 없이 요구를 다 들어줄 수밖에 없었던 것이다.

시간적인 압박감은 협상 성과에 큰 영향을 미친다. 협상자가 시간에 쫓길수록 협상력은 약해진다. 반대로 상대방이 시간에 쫓기고 있다는 것을 알아내고 지연 전술을 쓰면 협상 상대에게 강한 영향력을 발휘할 수 있다. 오늘날처럼 1분 1초를 다투는 경쟁사회에서 시간의 영향력은 대단한 것이다. 협상 전문가들은 시간이라는 무기를 자기편에 유리하도록 훌륭하게 활용한다. 만약 구매하는 쪽에서 급하게 필요한 제품이 있어 주문을 하면, 대부분 공급하는 쪽에서는 좋은 조건을 받아낼 수 있는 호기로 보고 여러 가지 이유를 들어 평소보다 높은 가격을 요구하게 된다. 이는 시간의 제약을 거래에 최대한 활용하여 협상 성과를 높이는 것이다. 시간의 제약 때문에 양보를 해서라도 마감시간 전에 수주를 얻어내야 한다면, 양보를 위한 전략이라도 세워야 한다.

일반적으로 마감시간 전에는 '상대가 먼저 양보하리라'고 기대해 자기 입장을 강하게 고수하지만, 마감시간이 가까워질수록 양보의 폭은 커지게 마련이다. 먼저 양보하면 '상대에게 자신이 약하게 보일 것'이라는 두려움과 '마감시간이 다 되어 양보해야 변명하기 편하다'는 자기보호 수단 때문이다. 따라서 이런 잘못된 생각을 버리고 우리 측에 도움이 되는 방법이 무엇인지 생각하여 지혜롭게 대처해야 한다. 양보할 수 있는 조건에 어떤 것이 있을지 나열한 후 협상의 초반·중반·종반에 양보를 할 것과 받아올 수 있는 것을 분류하여 양보의 교환 전략을 수립하는 것이다. 미련하게 버티다가 마지막에 가서 한꺼번에 다 내어놓을 것이 아니라 전략적으로 양보를 교환하는 것이다.

김만능 사장은 방배동에서 중고 가구점을 운영하고 있다. 어느 날 한 벤처 기업의 직원이 와서 "창업을 준비 중인데 사장실과 직원들의 사무실용 가구가 필요하다"며 이것저것 골라놓고 가격을 물었다. 그런데 김만능 사장이 300만 원이라고 했더니 깎아달라고 조르는 것이었다. 할 수 없이 10만 원씩 몇 차례 가격을 낮춰 최종적으로 협상한 끝에 운반비를 포함하여 250만 원에 합의를 보았다. 화물차를 불러 가구를 싣고 있는데 벤처 기업 직원이 회사 법인 카드로 결제를 하면서, "물건을 이렇게 많이 사는데 5퍼센트 더 할인해줘야 하지 않느냐, 그래야 나도 회사에 가서 할 말이 있지 않겠느냐"라며 추가 할인을 요구하는 것이었다. 이런 김만능 사장의 상황에서 벗어나려면 어떻게 해야 할까?

비슷한 예를 실제 사례로 하나 더 들어 보자. 2004년도에 한국전력의 자회사인 K사가 한국전력에서 실시하는 전력 거래 설비의 국제 입찰에 참여할 때, K사는 국제 컨소시엄 리더로서 입찰에 참여하기 위해 각국의 여러 기업과 전력거래 설비구성을 위한 컨소시엄 계약을 맺었다. 그중에는 독일의 ABB도 있었다. 독일의 ABB는 '실시간 전력거래량 체크 솔루션'을 보유하고 있었는데, 그 당시 다른 회사도 '실시간 전력거래량 체크 솔루션'을 보유하고 있었지만 ABB의 솔루션이 미국을 비롯한 선진국에서 평판이 매우 좋아 한국전력도 이 솔루션을 선호하는 입장이었다. 입찰 결과 K사가 프로젝트 수주에 성공하여 컨소시엄 참여 기업들과 본 계약을 맺게 되었다. 그 과정에서 ABB가 계약을 맺기 전에 약속했던 조건과 다른 조건을 내놓으면서 시간을 계속 지연시켰다. K사는 수주를 한 상태에서 참여 업체를 바꿀 수도 없어 큰 난관에 봉착하게 되었다. ABB가 공급하기로 한 '실시간 전력거래량 체크 솔루션'은 평판도 좋고 K사도 선호하던 터라 ABB에 대한 K사의 의존도가 매우 높았다. 이 협상에서 K사는 ABB를 끌어안기 위해 ABB가 주도하는 대로 따라가면서 ABB가 요구하는 조건을 모두 수용할 수밖에 없었다.

결국은 협상 대안의 부족으로, 하나의 거래선에 의존도가 높아져 불리한 상황으로 몰리게 된 것이다. 특정한 거래선에 대한 전적인 의존도를 줄이려면 많은 대안 즉, 제2, 제3의 거래처를 가지고 있어야 한다.

협상 대안best alternative 이란 협상 상대가 제시한 조건을 수용하기 어려울 때, 협상을 진전시키기 위해 상대방에게 제시하는 발전적인 제안을 말한다. 이 대안은 협상자 간에 상호 양보를 교환할 수 있는 대상이 되며 쌍방의 당면한 과제를 보완해주거나 해결해주기도 한다. 이러한 대안은 협상자 어느 한쪽에 일방적으로 유리하거나 손해를 입히는 것이 아니라 쌍방 모두에게 득이 되어야 한다. 만약 어느 한쪽에 일방적으로 유리하고 다른 한쪽은 손해를 입는다면 손해를 입는 쪽에서는 이를 받아들이지 않을 것이다. 협상 의제는 쌍방 간의 이해관계가 얽혀 있으므로 대부분이 쟁점 사항이지만, 협상 대안은 협상의 쟁점을 풀기 위한 매개체와 같은 역할을 해야 하므로 쌍방에게 모두 혜택이 돌아가야 한다. 또한 그래야 진정한 협상 대안이라고 할 수 있다. 협상자 서로가 좋은 협상 대안을 많이 가지면 가질수록 협상 진행은 원활해질 것이며 서로 좋은 협상 성과를 얻을 수 있게 될 것이다.

어느 쪽은 협상 대안을 많이 가지고 있으나 다른 쪽은 협상 대안을 거의 가지고 있지 않다면 어느 쪽이 유리할 것인가? 당연히 협상 대안을 많이 가진 쪽이 유리할 것이며, 주도적으로 협상을 끌고 나갈 것이다. 따라서 협상 대안은 곧 협상력을 강화시켜준다고 할 수 있다.

다시 앞의 예로 돌아가서, 한국전력이 독일 ABB의 '실시간 전력거래량 체크 솔루션'을 선호하더라도 K사가 한국전력을 설득하여 다른 업체의 것으로 대체할 수 있는 준비를 했다면, K사로서는 강력한 협상 대안을 가지게 되었을 것이며 큰 곤란을 겪으면서까지 독일의 ABB와 불리한 협상을 벌이지 않았을 것이다.

협상 대안도 없이 '무리해서라도 협상을 꼭 성사시켜야 한다'는 강박관념을 가지게 되면 합의를 끌어내기 위해 많은 양보를 하게 된다. 이런 협상의 결과는 졸작이 될 수밖에 없다. 차라리 물러서는 편이 낫다. 이때 대안은 불리한 협상을 피해나갈 수 있게 해준다.

사전 투자비용이 많을수록 협상에서 불리하다

필자가 환경사업을 하고 있을 때의 일이다. 자동차 부품을 제조하여 국내 자동차회사에 납품하고 있는 한국의 P기업은 자동차 부품 제조 공장에서 금속시편 실험 중에 발생하는 분진을 제거하기 위한 집진시설의 설치를 계획하여 필자를 연구소로 불렀다. 필자가 방문하자, P기업 연구소에서 설치할 집진시설에 대한 기본 설계와 소요 예산을 제시해줄 것을 요청했다. 상당한 시간과 노력을 투자하여 결과물을 제출한 후 P기업의 동향을 살펴보니 당초 약속과는 달리 수의계약이 아니라 입찰에 부친다는 것이었다. 기본 설계와 소요 예산 등 사전에 여러 가지 자료를 요청하면 당연히 수의계약을 하는 것이 관례인데, P기업은 대기업으로서 중소기업과 한 약속을 지키지 않은 것이었다. 그때 필자가 경영하던 S엔지니어링사에서 산정한 예산은 1억 1,000만 원이었다. 입찰서류를 제출한 후 며칠이 지나자 P기업에서 협상을 요구해왔다. 우리 입장에서는 사전투자도 적잖게 한 터라 요구에 응하지 않을 수 없었다. 우리 회사를 포함해서 4개 사가 입찰에 참여했는데, 동일한 장소에서 응찰하여 바로 개봉했다. 응찰 금액은 별 차이가 없었으나 여러 차례 협상을 거치면서 참여했던 다른 업체들은 모두 포기하고 결국 S엔지니어링사가 수주는 하게 되었지만 예산 대비 75퍼센트 수준이었다. 이 금액은 기본 설계와 예산 산정에 들어간 사전투자비용 pre-Investment cost 을 회수하지 못하는 수준이었다. 사전투자라는 멍에에 묶여 수주를 해야만 그 비용을 회수할 수 있다는 강박감에 사로잡힌 나머지 오히려 손해 보는 협상 결과를 가져온 것이다.

그러나 상황에 따라서는 이런 식의 협상을 달리 볼 수도 있다. 제조업을 하는 회사에서 수주가 잘 안 되면 공장 설비와 생산 인력을 낭비하면서도 뾰족한 대안이 없을 때가 있다. 이러한 상황에서는 협상 상대방이 제시한 가격이 제조원가 수준에라도 이른다면 그 가격에라도 수주를 해야 공장 설비를 돌리고 생산 인력에게 인건비를 지급할 수 있어, 우선 숨통이라도 틔울 수 있게 된다. 이와 같은 상황이라면 당사자들은 대부분 '이번 협상을 꼭 성사시켜야 한다'는 강박관념에 사로잡히게 될 것이며 협상 결과가 졸작이 되더라도 반드시 수주하려고 할 것이다.

이와 같은 사례로 미루어볼 때 프로젝트를 추진하는 과정에서 시간과 노력을 많이 투자한 쪽이 협상의 결렬을 더 두려워하기 마련이다. 협상 상대가 해당 프로젝트와 관련하여 많은 시간, 노력, 금전을 투자해왔고 상대가 이를 부담으로 느끼고 있다면 우리는 협상에서 더욱 유리한 고지를 선점할 수 있을 것이다. 반대로 우리가 협상 상대보다 많은 투자를 했다면 우리는 협상에서 불리한 위치에 서게 되겠지만, 그렇더라도 약해지거나 위축되어서는 안 된다. 대개 영업하는 측에서는 더 많은 투자를 하기 마련이다. 어떤 구매자는 의도적으로 판매자가 시간과 노력을 많이 투자하게 하여 유리한 위치를 선점하기도 한다. 예를 들어 복잡한 설비나 장비를 구매할 예정이면 사전에 '기초 도면을 그려 제출하라', '자신들이 참고할 수 있게 대략적인 예산을 산정하여 제출하라' 등 여러 가지 요구를 한 뒤 막상 입찰이나 견적을 받아 심사하는 과정에서는 이러한 사전투자에 대한 가점은 전혀 고려하지 않는 경우가 많다. 설사 1차 선정대상이 되었다 하더라도 협상하는 과정에서 사전에 들인 비용, 시간, 노력이 있기 때문에 오히려 쉽게 포기하지 않으리라는 생각으로 더욱 과도한 양보를 요구하는 경우가 대부분이다. 구매하는 측에는 유리하게 작용하겠지만, 판매하는 측에는 불리하게 작용될 수 있으므로 처음부터 수주에만 너무 집착하여 협상력을 약화시켜서는 안 되겠다.

전략과 전술은 주도권을 좌우한다

협상에서 사용할 전략은 비즈니스의 초기단계부터 이미 윤곽을 잡기 마련이다. 협상 상대방과 비즈니스를 처음 시작할 때 조사와 분석을 통해 협상 상대를 미리 파악함으로써 어떤 전략으로 비즈니스를 진행할 것인지 개념을 정립하기 때문이다.

협상 당사자는 최대한 유리한 조건을 얻어내어 좋은 협상 결과를 이끌어내려는 목표를 가지고 있다. 일반적으로 요구를 받는 쪽이 요구를 하는 쪽보다 불리한 입장에 서게 되는데, 협상 상대의 의중을 미리 헤아려 대처하는 것은 여간 어려운 일이 아니다. 앞에서와 같이 협상 성과를 높일 수 있는 여러 가지 핵심 요소가 있으나 이들을 상황에 맞게 제대로 활용하지 않으면 효과가 크지 않을 것이며, 여러 가지 요소를 전략과 전술에 적절히 조화시켜 활용한다면 시너지 효과를 얻을 수 있을 것이다.

협상에서 사용하는 전략과 전술은 상대를 완전히 무너뜨리기 위한 것이 아니라, 협상 원리에 입각하여 쌍방 모두에게 득이 되는 방향으로 협상을 원활하게 진행시키기 위해 촉매제 역할을 하는 것이다. 그리하여 협상이 잘 진행되지 않으면 설득하기 위해 읍소작전으로 나가기도 하고 좀

더 강한 의지를 나타내기 위해 겉과 속이 다르게 트릭trick 을 사용하기도
한다. 이러한 전략과 전술은 이 책의 후반부에서 자세히 다룰 것이므로
여기서는 자세히 기술하지 않겠다. 다만 협상 성과를 높이기 위해서는 전
략과 전술을 잘 활용할 수 있어야 한다는 점을 강조하고 싶다.

- 상대방과 나 자신에 대한 지식과 정보의 중요성에 대해 인식하고 준비한다.

- 협상 목표는 'SMART'의 기준에 의거하여 설정하고 있는가를 점검한다.

- 협상 당사자가 가진 권한에 따라 상대방에게서 얻어낼 수 있는 양보의 질과 양이 다르다는 것을 인식한다.

- 상대방이 무리한 요구로 나올 때 조직 내부의 동의를 내세워 예봉을 피하는 전략을 활용할 수 있다는 것을 명심한다.

- 윈 - 윈 협상 결과를 얻는 데 상호 유대관계가 어떤 영향을 미치는지 제대로 파악한다.

- 시간적 제약이 나와 상대방에게 어떤 영향을 주는지 항상 기억하고 대비한다.

- 협상 대안이 협상 성과에 어떻게 영향을 미치는지를 검토하고 적절한 대안을 미리 준비해둔다.

- 협상 전에 투자된 시간과 비용이 협상에 어떤 영향을 주는지 알아보고 사전에 주의한다.

- 협상을 진행하는 데 전략과 전술 활용이 얼마나 중요한지 이해하고 습득한다.

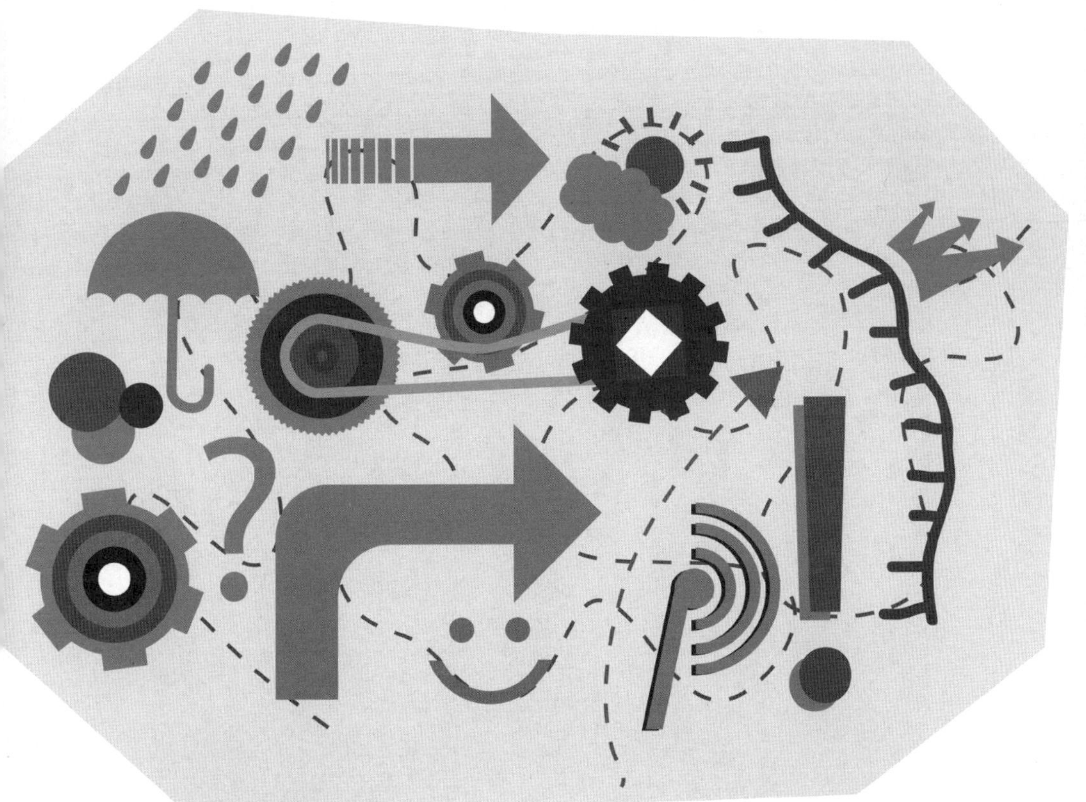

05

협상 상대방의 유형을 알면 전략이 보인다

협상은 사람과 사람이 서로 마주하여

대화를 통하여 정보를 교환하면서 합의점을 구해가는 과정이다.

'지피지기 백전불태'라 했으니 나 자신에 대해서도

잘 알고 있어야 하겠지만, 상대방이 어떤 생각과 목표를 가지고 있는지,

어떤 가치관과 성향의 소유자인지 알고 대응하면

협상에서 좋은 성과를 거둘 수 있다. 이때 협상자가 가지고 있는

가치관과 성향은 협상자의 유형으로 표현될 수 있다.

협상 준비·진행 과정에서 상대방을 면밀히 분석한다

협상도 사람과 사람이 마주앉아 대화를 통하여 문제를 풀어간다는 점에서 세일즈 상담, 회담 등과 마찬가지이므로 먼저 상대를 잘 파악하는 것이 중요하다. 이를 위해 협상에 참석하는 상대 협상단원 각각의 가치관과 성향을 파악하여 협상에 대비해야 한다. 협상이 있기 전에 일상생활이나 비즈니스 관련 활동을 통하여 상대방에 대한 여러 가지 정보를 입수하지만, 특히 상대 협상단의 일정, 시간 계획, 협상단 구성원, 상대 협상단 대표, 협상참석자 개인별 신상 및 가치관에 대한 정보, 협상참석자 각각의 성향과 영향력 등을 파악하여 대비책을 마련해야 한다. 상대 협상단 대표와 구성원들에 대한 사전 정보를 확보함으로써 이번 협상에서 상대방이 어떤 방향으로 나갈 것인지, 요구하는 강도는 어느 정도 수준이 될 것인지, 목적과 목표는 무엇인지, 사전에 짐작할 수 있고 이에 맞춰 적절하게 대응해나갈 수 있을 것이다.

협상 중에는 서로 많은 정보와 대화를 지속적으로 주고받으면서 합의를 이끌어낸다. "지피지기 백전불태知彼知己百戰不殆"라고 했으니 상대방에 대해서도 알고 나 자신도 알아야 서로 만족하는 윈-윈 협상 결과를 얻어낼 수 있다. 윈-윈 협상 결과를 얻으려면 서로 상대방이 가지고 있는 가치관과 성향을 이해하고 대화가 원활하게 진행되도록 해야 한다.

상대방의 유형을 잘 분석하여 협상에 활용하면 더 나은 협상 성과를 얻을 수 있을 것이다. 다음 표는 상대방의 성격이 외향적이냐, 내성적이냐

성격과 성향에 따른 유형

	외향적	내성적
	실용형	성취형
지배적	낙관적 창조적 주도와 적응 균형 업적/관계 균등 중시	다혈질적 직감적 주도하려 함 업적 중시
	사교형	분석형
순종적	정서적 감성적 순응하려 함 인간관계 중시	냉담, 침착 분석적 혁신을 회피하려 함 안전 중시

와 겉으로 나타나는 태도가 지배적이냐, 순종적이냐에 따라 협상자의 유형을 네 가지로 나누어 분석한 것이다. 이 네 가지 유형에 실용형, 성취형, 사교형, 분석형이라는 이름을 붙이고 각각의 특성을 살펴보자.

실용형은 성과와 관계를 동시에 중시한다

실용형은 성격이 외향적이고 태도가 주도적·지배적인 성향을 나타내는 유형이다.

▌실용형에서 나타나는 행동 특성과 욕구

① 실용형 협상자는 자신의 입장을 확고히 보여주려 하지만 동시에 상대에게

자연스럽게 보이기를 원하기 때문에 자신의 요구를 쉽게 표현하지 않는다.

② 의견의 불일치가 있을 때 이를 조절하기 위해 애쓰며, 협상을 성사시키기 위한 조화로운 접근을 원한다.

③ 다른 사람에게 가치 있는 사람으로 보이고 싶어 하며, 이해심이 많고 신뢰할 만한 사람으로 인정받기를 원한다.

④ 협상에서 자신만 이기기보다 모두가 만족하는 결과를 얻기 위해 상대방이 양보를 하면 자신도 그만큼 양보하려는 의지를 보인다.

⑤ 장기적으로 제품이나 서비스가 주는 혜택에 관심이 많다.

⑥ 구매 전 형성되는 개인적 신뢰감을 강조하고, 다른 사람의 반응을 확인한 후 구매를 결정할 때가 많다.

⑦ 사안을 충동적으로 결정하지 않는다. 돌아올 결과를 미리 계산하고 결정한다.

⑧ 구매 효과에 문제를 제기하거나 빈틈없는 사후관리를 요구하기도 한다.

❚ 실용형에 대한 대응방법

① 상대의 이야기에 경청하면서, 불안감을 씻어줄 수 있는 합리적인 근거와 상대에게 이익이 되는 점을 집중적으로 설명하며 설득해나간다.

② 요구를 일방적으로 강요하면 오히려 역효과를 일으키게 된다.

③ 실용형은 적절한 속도의 협상을 원하므로 서두르지 말고 신뢰감이 생길 때까지 시간을 두고 기다려야 한다.

④ 상대방에게 관심이 많다는 것을 보여주기 위해 상대방의 시선에 집중하고, 상대방의 행동에 따라 같이 움직여주면 관계구축에 도움이 된다.

⑤ 가급적 이전의 성공적인 사례를 자주 소개하고 정확한 데이터를 근거로 제
시한다.

⑥ 우리의 능력, 실적, 경쟁력, 제품의 우수성이 상대방에게 줄 수 있는 이점을
강조한다.

⑦ 상대방에게 질문을 하여 상대에게 관심이 있음을 보여준다.

⑧ 상대방이 우리에게는 매우 특별한 고객이며, 상대방과의 유대를 중시하고
있음을 강조한다.

⑨ 상대방의 질문에 숫자, 통계, 구체적 사항을 들어가며 성실히 답변한다.

사교형은 성과보다는 관계를 더 중시한다

사교형은 성격이 외향적이고 태도가 순종적인 성향을 나타내는 유형이다.

▌사교형에서 나타나는 행동 특성과 욕구

① 사교형의 협상자는 자신이 인정받기를 바라며 대화하는 것을 좋아하고 상
대방에 대해 알고 싶어 하며 자신에 대해서도 알리고 싶어 한다.

② 친근하고 열정적인 태도를 가지고 있어 개인적인 친분관계를 원하며 우호
적이고 개방적이어서 쉽게 사귈 수 있다.

③ 직접 마중을 나와 회사를 구경시켜주기도 하고 스포츠 등 취미 관련 이야기
로 분위기를 조성하는 데 관심을 쏟는다.

④ 친근감 있고 따뜻하지만 서슴없이 '아니요'라고 말하기도 하여 인간적이면서도 냉철한 모습을 보여주기도 한다.

⑤ 때로는 신중하지 못하고 무척 흥분하여 균형감각을 잃어버릴 때도 있다. 협상의 문제점에 대해 현장에서는 미처 깨닫지 못하다가 사무실로 돌아와 책상을 치며 '그들이 나한테 어떻게 그럴 수 있지?' 하며 뒤늦게 후회한다.

⑥ 관련된 모든 사람들을 즐겁고 기쁘게 해주고 싶다는 욕구 때문에 모든 사람이 만족하는 결과를 선택하기를 원한다.

⑦ 제품 이미지에 관한 관심이 높은 편이다.

⑧ 구매 효과에 대한 다른 고객의 만족도와 다른 사람의 평가에 관심이 있어 우선 조금만 주문하여 시험해보는 치밀함도 있다.

▌사교형에 대한 대응방법

① 상대에게 이익이 되는 부분을 집중적으로 설명한다. 이런 상대는 흥분시킬수록 결정을 빨리 내리는 편이다.

② 성공 사례를 많이 인용하면서 상대방의 관심을 유도하면 큰 효과를 볼 수 있다.

③ 상대방의 웃음에는 웃음으로, 눈 맞춤에는 눈 맞춤으로, 끄덕임에는 끄덕임으로 응수하며, 상대방의 개방적인 인간관계에 존경심을 표시해준다.

④ 상대방의 체면을 살려주는 표현과 칭찬을 자주하는 편이 좋다.

⑤ 상대방에게 우리의 능력, 실적, 경쟁력, 제품의 우수성에 대해 계속 강조하면서 상대방이 받게 될 이점을 자세히 설명한다.

⑥ 제품이 실제로 어떤 도움을 주는지에 대한 사례와 성공적 결과에 대해 자료
와 정보를 제공한다.

⑦ 이번 결정이 관련된 모든 사람들에게 호감을 줄 것이라고 설명하면서 상대
방의 선택이 잘못되지 않았음을 확신시켜준다.

⑧ "우리의 주된 관심은 서로 긴밀한 유대관계를 형성하고 장기적으로 이익이
되는 관계를 형성하는 것입니다"라고 말해 서로에게 득이 될 수 있는 장기
적인 유대관계를 원한다는 사실을 상대방에게 보여준다.

분석형은 혁신을 회피하고 안전에 관심이 많다

분석형은 성격이 내성적이고 태도가 순종적인 성향을 나타내는 유형이다.

▌분석형에서 나타나는 행동 특성과 욕구

① 분석형 협상자는 현실에 안주하며 안전에 대한 강한 욕구를 가지고 있어 협
상 과정에 대한 세부적인 내용을 알고 싶어 한다.

② 완벽하고 일목요연한 행동을 원하며 자신의 의사결정을 끊임없이 점검하는
치밀함을 보인다.

③ 가능하면 혁신적인 것을 멀리하고 위험은 피하며 실패할 확률이 있으면 아
예 시작하지 않는다.

④ 상대방의 신뢰성, 전문성, 실적을 강조한다.

⑤ 시간 개념이 투철하여 길게 이야기하는 것을 싫어하고 분위기를 조성하려
는 이야기에도 별로 관심을 보이지 않는다.

⑥ 충동적인 구매를 하지 않는다. 검토한 결과를 구매기준과 비교하여 적정 수
준에 이르렀다고 판단되면 결정을 내린다.

⑦ 상대방과의 관계보다는 실무를 중시하는 유형으로 원칙에 따라 질서정연하
게 사실과 자료를 바탕으로 협상을 진행한다.

⑧ 납품 시간까지 따질 정도로 일정에 대해 세밀하고 정확한 답변을 원한다.

▮ 분석형에 대한 대응방법

① 상대방이 얻게 될 이익을 집중적으로 설명하면 상대방의 마음이 움직여 결
정을 빨리 내리게 된다.

② 충분한 정보를 제공하면서 성공 사례를 많이 인용하면 상대방을 설득하는
데 큰 효과를 볼 수 있다.

③ 서두르지 말고 다양한 대안과 논리적으로 설득하기 위한 입증 자료를 충분
히 제시하면서 동시에 위험 회피에 대한 근거를 보완하여 신뢰도를 높인다.

④ 상대가 요청하는 정보와 데이터를 가능한 범위에서 최대한 제시하고 대화
방식으로 설득을 유도한다.

⑤ 우리의 능력, 실적, 경쟁력, 제품의 우수성이 상대에게 주는 이점을 강조하
면서 자세히 설명한다.

⑥ 제품이 실제로 어떤 도움을 주는지에 대해 정보를 제공한다.

⑦ 다른 사람들의 만족 사례를 제시하고 정확한 근거 데이터를 되도록 많이 제

시한다.

⑧ 서로에게 득이 될 수 있는 장기적인 유대관계를 원한다는 사실을 상대방에게 보여준다. "우리의 주된 관심은 서로 긴밀한 유대관계를 형성하고 장기적으로 이익이 되는 관계를 맺는 것입니다"라는 식으로 표현한다.

⑨ 질문에 대해서는 논리적으로 숫자, 통계, 구체적 사항을 들어가면서 성실히 답변한다.

성취형은 관계보다는 성과를 더 중시한다

성취형은 성격이 내성적이고 태도가 주도적·지배적인 성향을 나타내는 유형이다.

▌성취형에서 나타나는 행동 특성과 욕구

① 성취형의 협상자는 자신의 통제력을 유지하면서 협상의 주도권을 잡으려고 하며 다른 사람에게 끌려가는 것을 싫어한다. 자기 뜻대로 이끌고 권위적인 태도를 보이는 경향이 있다. 유능하다고 인정받기를 원하기 때문이다.

② 이러한 사람은 활동적이고 정열이 넘치는 사람으로서 새로운 기회를 찾아 적극적으로 도전하여 장애를 극복하는 의지의 실천가 유형이다.

③ 길게 이야기하는 것을 싫어하고 신속한 결정을 주도적으로 내린다. 따라서 분위기를 조성하려는 이야기에 별로 관심을 보이지 않는다.

④ 자신이 원하는 것을 분명하게 밝히고 솔직하게 요구한다.

⑤ 충동적으로 구매하지 않는다. 돌아올 결과를 계산하고 결정을 내린다.

⑥ 참을성이 부족하고 공격적·논쟁적이며 결정 후 실익이 없을 것 같으면 다시 논의하자는 사람도 있다.

⑦ 구매 효과에 대한 의문을 제기하거나 철저한 사후 관리를 요구하기도 한다.

▌ 성취형에 대한 대응방법

① 협상 중에 구걸하는 듯한 인상을 주지 않는다. 이쪽에서 너무 의존하는 듯한 인상을 주면, 약탈적인 본능을 자극하여 상담을 어렵게 할 수도 있다.

② 협상 중에 "우리 결론을 빨리 맺어볼까요?", "이 거래를 통해서 당신이 얻고자 하는 것은 정확히 무엇인가요?"라고 물어보면 성취형은 사소한 것은 접어두고 신속한 결정을 내릴 확률이 높다.

③ 상대방에게 관심이 많다는 것을 보여주기 위해 상대방의 시선에 집중하고 온순한 인상을 주면서 상대방의 행동에 따라 같이 움직여주면 친근감을 느낄 것이다.

④ 이러한 유형의 상대에게 잦은 질문은 압박감을 주고 무시당하고 있다는 느낌을 줄 수 있어, 감정 문제를 일으킬 수 있으므로 상대방이 먼저 질문하도록 분위기를 조성하고 정확한 답변을 준다.

⑤ 상대방의 결정에 존중을 표시한다.

⑥ 상대방의 능력에 대해 칭찬해준다.

⑦ 상대가 반론을 제기하면 경청하되 자신 있는 태도로, 요점 중심으로 답한다.

협상자 유형에 대한 또 다른 연구결과로서 협상연구자이자 심리학자인 프루트와 루빈[6]이 주장하는 쌍방관심모델을 적용하여 가치관과 성향에 따른 협상자의 유형을 살펴보기로 한다.

상대방의 유형을 이해하기 위해서 자기관심과 상대관심의 조합으로 구성한다. 다음 표는 프루트와 루빈의 쌍방관심모델을 나타내며, 자신의 결과에 관심이 높고 동시에 상대방 결과에 관심이 높으면 문제해결problem solving 양상이라 볼 수 있다. 자신의 결과에 관심이 높은데 상대방 결과에 관심이 낮으면 대결contending 양상을, 자신의 결과에 관심이 낮은데 상대방 결과에 관심이 높으면 양보yielding 양상을, 그리고 자신의 결과와 상대방 결과에 모두 낮으면 무반응inaction 양상을 나타내는 것을 보여준다. 이 모델은 문제해결 행위의 속성을 이해하는 데 유용한 것으로 판명되었다.

양보형은 쌍방 간의 관계유지를 중시하는 유형이며 양보yielding 또는 수용accommodating 유형이라 한다. 이 유형은 자기주장이 약하고 협조성이 강한 유형으로서, 자신의 목표를 낮추고 상대방의 목표를 만족시키는 시도를 한다. 즉, 쌍방 간의 관계유지를 위하여 상대방에게 관대하고 자신을 희생할 의지를 가지고 있는 것이다.

대결형은 경쟁competing 성향을 띠며 자신의 성과를 중시하는 유형이며 경쟁 유형 또는 지배dominating 유형이라 한다. 이 유형은 자기주장성이 높고 협조성이 낮은 유형으로서, 자기 자신의 관심을 만족시키기 위하여 자

		나의 결과에 관심	
		낮음	높음
상대방결과에 관심	높음	**양보형** 나보다 상대방 성과를 중시 상대방과 관계중시 나의 주장 약하고 협조성 강함	**문제해결형** 쌍방의 관계와 성과 동시중시 쌍방 만족하는 창조적 대안제시 자기주장, 협조성 모두 강함
	낮음	**무반응형** 자신과 상대방의 성과에 무관심 자기주장과 협조성 모두 낮음 상대방과의 협상을 회피	**대결형** 자신의 성과를 더 중시 상대방과 관계무시 대결양상 자기주장 강하고 협조성 낮음

신의 위치를 우세하게 하려는 경향을 나타낸다. 이러한 유형은 대결의 양상으로 치달아 한쪽은 승리하나 다른 한쪽이 잃게 되는 '윈 - 루즈' 결과를 초래하게 된다. 갈등상황에서 상대편의 목표를 희생시켜 자신의 목표를 달성하기 위해 상대방에게 압력을 가하여 자신의 안을 받아들이게 하는 것이다.

문제해결형은 협력collaborating 성향을 띠며, 자기 자신과 상대방 모두의 이익을 중시하는 유형이며, 통합integrating 유형을 말한다. 이 유형은 자기 주장성과 협조성이 모두 강한 유형으로서 양 당사자의 관심을 통합하기 위하여 쌍방의 욕구를 가능하면 최대한으로 만족시키고자 노력한다. 양 당사자들은 상호이익이 되는 합의에 도달하기 위하여 진지하게 토론하고 합의를 도출하고자 한다. 상대방과 자신의 관심사항을 동시에 고려하고 협력하는 자세로 쌍방이 만족하는 창조적인 대안을 도출하여 문제를 해결하는 유형이다.

무반응형은 협조성이 약하며 상대방과 자신의 관심을 모두 무시하는 유형으로서 상대방과의 협상 자체에 대하여 반응을 하지 않는 것이다. 이는 자신의 입장이 매우 유리하여 협상을 할 필요가 없을 때 취하는 방법일 수도 있고 반대로 매우 불리할 때 사용할 수도 있는 방법이다.

이것만은 기억하자

- 협상자의 가치관과 성향에 따른 협상 상대방의 유형에 대한 파악이 왜 중요한지를 이해한다.
- 각각의 유형에서 나타나는 행동 특성과 욕구에 대해 충분히 이해하고 협상에 임한다.
- 각각의 행동 특성과 욕구에 어떤 방법으로 대응해나가야 하는지 숙지한다.
- 협상장에서 상대방과 마주앉아 협상을 진행할 때 전술과 대응방법을 어떻게 조화시키면 좋을지, 협상 전에 연구해둔다.

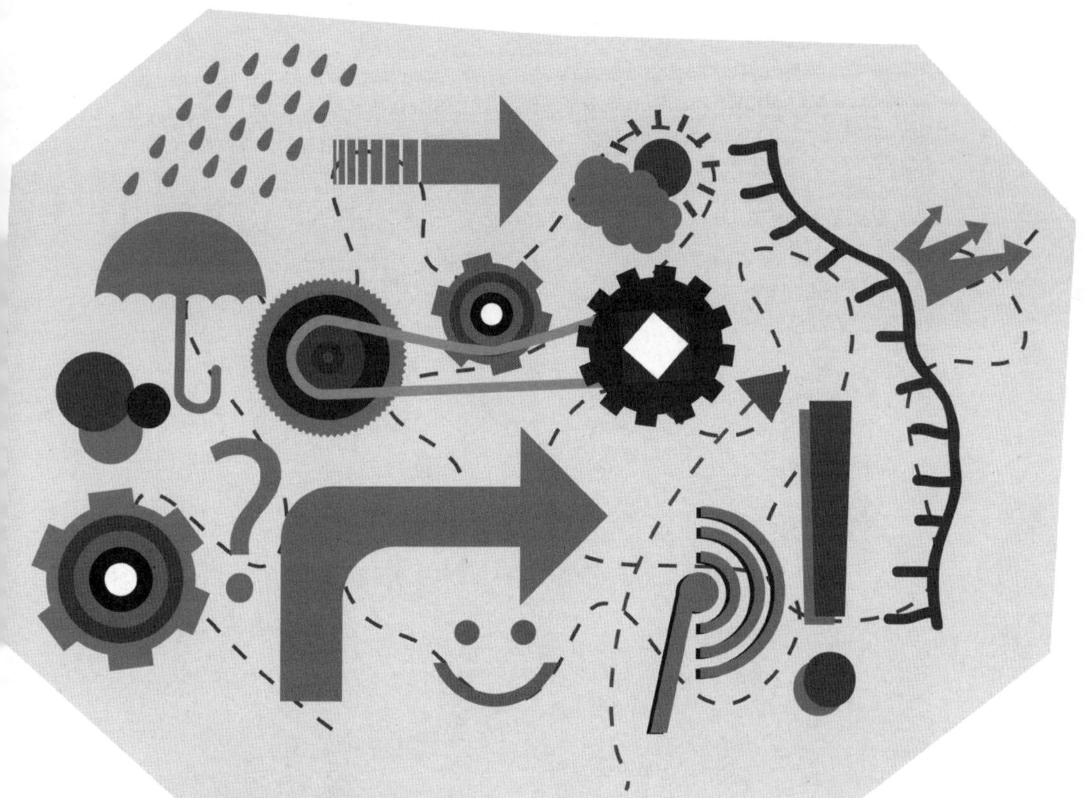

06

원칙과 공감을 바탕으로
협상을 진행한다

성공적인 협상을 이끌어내기 위해서는 내가 협상 상대에게

과도한 요구를 하여 지나친 손실을 안겨주고 불만족스럽게 해서도

안 되지만, 협상자 자신도 협상 상대방에게 불만을 느낄 정도로

많이 양보하여 손실을 입는 결과를 가져와서는 안 된다.

비즈니스 관계에서 협상을 통해 모두가 승자가 되고 상호 만족할 수 있는

결과를 얻게 되면 두 당사자는 시너지 효과를 얻을 것이며

양쪽 모두 성공하는 비즈니스가 될 것이다.

이 장에서 기술한 사항을 인지하고 협상에 임하면

협상을 좀 더 성공적으로 이끌 수 있을 것이다.

상대방의 입장에서
상대방을 분석해본다

역지사지의 자세로, 내가 협상 상대라면 어떻게 할 것인지를 생각해본다. 그러다 보면 어느 정도 상대방의 의중과 목표를 가늠할 수 있기 때문이다. 이를 위해 협상 상대방의 입장에서 이번 협상의 목적과 목표, 문제점은 무엇인지를 파악해본다. 상대방이 만족스럽게 생각하는 수준의 협상 성과와 이를 위해 어떠한 전략으로 나올지를 생각해본다. 좀 더 세밀히 들어가서 상대방의 협상 대상 목록과 상대방이 제기할 조건까지 철저히 파악해본다.

- 상대방의 협상 목적은 무엇인가?

- 상대방의 협상 목표는 어느 수준인가?

- 상대방의 의도와 협상 대상 목록은 무엇인가?

- 상대방이 안건별로 제시할 조건과 그 수준은 어느 정도인가?

- 상대방이 양보할 수 있는 조건은 무엇인가?

- 상대방이 양보하지 않을 것으로 보이는 조건은 무엇인가?

- 상대방이 이번 협상에서 가지고 있는 약점은 무엇인가?

- 상대방이 이번 협상에서 취할 전략과 전술은 무엇인가?

이러한 정보 외에도 협상의 진행과 관련해 여러 가지 도움이 될 수 있는 자료와 정보를 수집·분석하여 활용해야 한다. 2002년과 2006년 치러진 월드컵 경기를 본 적이 있을 것이다. 그때마다 소개되던 자료를 필자는 잊을 수 없다. 경기가 있기 전에 한국 팀 기술진은 상대 팀의 경기가 녹화된 비디오를 치밀하게 분석하여 상대 팀의 공격 유형, 상대의 허를 찌르기 위해 한국 팀이 보완해야 할 점 등을 찾아내 세밀한 전략을 세워 경기에 임했다. 그 결과 2002년에는 4강에 오를 수 있었고 2006년도에는 16강까지 가지는 못했지만 프랑스를 비롯한 유럽의 강팀과 맞서 비교적 좋은 경기를 보여주었다.

반면 이와 상반되는 사례도 있다. 앞에서도 잠시 언급했지만, 우리 정부의 협상 실태를 보여주는 1998년 해양수산부의 한일어업협정 관련 협상은 지금도 잊을 수가 없다. 그 당시 언론 보도자료에 의하면 한국 협상단은 지식과 정보 수집을 소홀히 하여 일본 협상단이 제시한 자료와 정보에 전혀 대응하지 못하고 끌려다녔다는 것이다. 일본 협상단은 협상이 열리기 전에 한일어업분쟁 지역에 대한 여러 가지 자료를 조사·분석하여 준비를 단단히 했던 것이다. 어업협정 관련 수역의 조류, 수심, 물 온도, 서식하는 어종 등 한국 측에서 예상하지 못한 조사·분석 자료를 제시하면서 한국 협상단을 압박하여 그들의 의도대로 협상을 주도해나갔으며 한국 협상단을 곤란에 빠뜨렸다. 한국 협상단은 협상의 원리, 특성, 중요성, 협상 성과에 영향을 주는 요소, 전략과 전술에 대한 이해와 경험에서도 부족했지만, 그들의 가장 큰 문제는 안일한 생각으로 준비를 소홀히 했다는 것이다. 흔히 군에서는 '전쟁에서는 실패할 수 있으나 경계에 실패해서는 안 된다'고 강조한다. 왜냐하면 경계가 기본이고 제일 중요하기 때문이다. 경계에 실패하여 급습을 당하면 아무리 무기가 좋고 훈련이 잘

된 병사들을 보유했다고 하더라도 쉽게 허물어져 전투에서 패할 수밖에 없기 때문이다. 마찬가지로 한국 협상단이 설사 협상에 대해 잘 알고 경험이 풍부하다 할지라도 협상을 뒷받침할 수 있는 자료의 조사와 분석을 충분히 한 후에 협상에 임해야 함에도, 일본 협상단에 비해 협상력도 떨어지면서 준비마저 제대로 하지 않았으니 협상을 정상적으로 하지 못하고 끌려다닐 수밖에 없었던 것이다.

협상은 사람과 사람 사이의 대화로 문제를 풀어가는 것이므로 사람에 대해서도 잘 알고 있어야 한다. 협상 전에 비즈니스 관련 활동을 통해 상대방에 대한 여러 가지 정보를 수집하겠지만, 특히 협상을 위해 참석하는 상대 협상단 일정, 시간 계획, 상대 협상단의 대표의 개인 신상, 참석자 각각의 성향과 영향력 등을 파악하여 대비책을 마련하는 것이 좋다. 상대 협상단의 대표와 구성원들에 대한 사전 정보를 통해 협상에서 그들이 어떤 방향으로 나갈지, 요구하는 강도는 어느 정도 수준이 될지, 만족할 만한 협상 목표 수준은 어느 정도인지에 대해 감을 잡을 수 있으며, 이를 통해 적절하게 대응해나갈 수 있을 것이다.

협상 목표에 자신감을 가지고 진행한다

협상의 목표를 어떻게 정하느냐에 따라 협상 성과가 달라진다는 것은 앞에서도 언급한 바 있다. 협상의 목표를 도전적으로 높게 설정해야 높은 협상 성과를 기대할 수 있다. 협상의 목표는 합리적인 범위 안에서 가능한 한 도전적으로 높게 설정하고 협상 진행 중에도 목표를 항상 되새기며 상대방에게 자신감과 여유 있는 태도를 보여주어야 한다. 협상 상대방 또한 우리의 도움이 필요하기 때문에 협상 테이블에 마주 앉아 있다는 사실을 명심해야 한다. 협상에서 뭔가 얻어내려 하는 것은 우리뿐만 아니라 상대방도 마찬가지이다. 서로 필요로 하기 때문에 협상에 임하는 것이다. 협상 상대도 우리와 마찬가지로 협상의 목표를 높게 설정하고 있을 것이다. 협상의 목표를 높게 설정하는 것은 결코 무리한 일이 아니다. 따라서 설정한 협상 목표를 정당화하고 자신감에 찬 모습을 상대에게 보여주는 것이 중요하다.

프루트와 카르네발레[7]에 의하면 높은 협상 목표를 설정하면 협상자의 기대수준이 높아지고 이를 달성하기 위한 성취동기commitment도 높아지면서 결과적으로 만족할 만한 협상 성과를 얻을 수 있다고 한다. 어려운 목표를 부여받은 협상자들은 쉬운 목표를 부여받은 협상자들보다 주어진 과제의 달성을 위해 더욱 열심히 노력하는 경향을 보인다. 구체적인 목표는 과제와 관련된 개인의 사고를 촉진시킴으로써 적절한 전략의 탐색과 성과를 가능케 한다고 주장했다. 목표가 없거나 매우 일반적인 목표만 가진 개인들은 구체적인 수행수준에 관한 정보를 가지지 못하므로 과제수행을 위한 전략개발에 적은 시간과 노력을 투자한다는 것이다. 협상자들은 구체적인 협상 목표를 부여받았을 때 더 많은 이익을 내며, 목표의 난이도와 이익의 관계 또한 비례관계에 있음이 밝혀졌다. 또한 높은 목표를 가진 협상자들은 다른 협상자에 비해 통합적 합의에 이르는 경향이 더 강

협상 진행 단계별 목표 설정

협상 안건 \ 진행 단계	초기목표	중기목표	최종목표	상대방 목표
계약물량				
계약기간				
납기				
결제조건				
포장방법				
품질조건				
기술 이전				
교육훈련				
운송조건				
내륙운송비				
바이백				
금융 지원				
마케팅 지원				
가격				
기타				

하게 나타났다.

많은 협상을 통해 경험한 것이지만, 처음에 정한 협상 목표를 수정 없이 그대로 달성하기란 어려운 일이다. 협상은 나 혼자만 진행하는 것이 아니므로 상대방의 요구도 어느 정도 충족시켜주어야 합의를 이끌어낼 수 있기 때문이다. 초기에 세운 목표를 나 혼자만 고집할 수는 없는 것이다. 협상은 서로 양보의 교환 과정을 통해 마무리된다. 따라서 초기에 정한 목표가 관철되지 않을 때를 대비해 차선책도 마련해두어야 한다. 차선책이 안 될 때는 차차선책이 있어야 한다. 즉, 상대에게 초기에 내놓을 조건은 무엇인가, 차선책으로 내놓을 조건은 무엇인가, 최종적으로 내놓을 조건은 무엇인가에 대한 대안을 미리 준비해두어야 한다.

앞의 표는 협상 안건별 목표를 설정하기 위해 작성해본 예시 양식이다. 이를 참고하여 협상 전에 이런 표를 작성해보면 각각의 경우에 맞는 협상 안건별 목표를 설정할 수 있을 것이다.

협상대안을 준비하고 내부 합의수준을 정한다

협상에 임하기 전에, 이번 협상 상대방의 목적과 목표, 전략과 전술, 협상 대상 목록 등에 대한 자료와 정보를 수집하여 분석한 결과를 보면서 협상 진행 중에 상대방이 제기할 만한 주요 협상 안건을 도출해낸다. 협상 안건 들에 각각 대응할 방법을 준비하여, 미리 제시할 수준을 내부적으로 정해놓아야 한다. 협상 진행 중에 협상 상대가 예상치 못한 제안을 갑자기 내놓게 되면 당황할 수밖에 없고 적절한 대응이 어려워 수세에 몰리기 때문이다. 따라서 상대방이 제기할 것으로 예상되는 요구조건에 대비할 수 있는 여러 가지 상황별 대안을 많이 개발할수록 우리에게 유리하며, 이 또한 협상 성과를 높일 수 있는 힘으로 작용할 것이다. 우리가 개발한 대안은 상대가 제시한 조건에 대해 서로 양보교환을 할 때 유용하며, 되도록이면 우리 측의 비용은 적게 들고 상대에게는 가치가 큰 대안일수록 효과가 높아진다.

우리는 TV를 통해 한국군이나 한미연합군이 매년 군사작전훈련을 하는 것을 보아왔다. 탱크, 장거리포, 전투기, 군함 등을 대거 동원하여 병사들에게 지속적인 군사교육을 시키지만, 실전 훈련을 거치지 않고서는 작전수행 능력이나 포 사격의 정확성, 병사들의 사격실력을 가늠할 수 없다. 마찬가지로 협상도 수집한 많은 자료를 토대로 그럴듯한 협상 목표를 정한 후 대안을 다양하게 준비하여 필요한 전략과 전술을 수립해놓더라도 연습을 해보지 않으면 실제 협상에서 제대로 효력을 발휘할 것이라고 장담할 수 없다.

협상 예행연습은 어렵게 생각할 필요가 없다. 같은 부서 내에서 협상 상대방의 역할을 정하여 몇 차례 연습을 하면서 보완해나가면 된다. 이와 같이 실전 연습을 통해 협상의 전 과정을 내 것으로 완전히 습득하고 부족한 점과 잘못된 점을 발견하여 보완하면 협상 성과를 높이는 데 한층 더 기여할 수 있을 것이다. '훈련에서 땀을 많이 흘리면 전쟁에서 피를 적게 흘린다'는 교훈을 명심해야 한다. 협상을 위한 준비 과정은 협상 성공을 위한 전제 조건이며, 협상 준비에 투자한 시간과 노력은 반드시 몇 배의 보상으로 돌아온다는 사실을 잊지 말아야 한다.

- 협상 상대에 대한 자료와 정보를 수집 · 분석하여 치밀한 전략을 수립한다.
- 분석한 자료와 수립한 전략을 토대로 역할을 분담하고 연습하여 익힌다.
- 조직 내 동료와 함께 역할 연기를 통해 미리 연습해보는 것도 좋은 방법이다.

• 연습 후 다시 분석하여 부족한 점을 보완한다.

협상 안건을 모두 파악하기 전에는 협상을 시작하지 않는다

유능한 협상가는 상대편의 협상 목록과 기대 수준을 완벽하게 파악하기 전에는 어떠한 조건도 미리 제시하지 않는다. 이렇게 하지 않고 상대방이 안건을 내놓으면서 부분적으로 요청하는 조건을 하나씩 들어주다 보면 나중에는 도저히 감당할 수 없는 지경에 빠지게 된다. 이와 같이 한 가지씩 한 가지씩 안건을 내놓으면서 협상하는 방법을 직렬협상 전술이라고 하며, 이는 구매자 측에서 많이 사용하는 전술이다. 판매자 측에서는 구매자 측의 이러한 전술에 말려들어서는 안 될 것이다. 협상 상대방이 협상하려는 목록이 아무리 사소한 것이더라도 모두 다 내놓도록 유도하여 전체 목록을 보면서 상호 양보의 교환을 통해 협상을 진행하는 것이 현명한데, 이를 병렬협상이라고 한다. 어느 한 쪽에서 직렬협상 전술로 나오면 그 의도는 어떤 목적과 노림수가 있는 것이 분명하므로 서로 득이 되는 윈 - 윈 협상을 성사시키려면 반드시 병렬협상으로 전환해야 한다.

이런 식으로 협상 상대가 내놓은 모든 협상 목록을 머릿속에 전체적으로 그려 큰 그림을 염두에 두고 유연하게 협상을 진행해나가야 한다. 경직된 생각에서 벗어나 유연한 사고방식으로 협상에 임하면 평소에는 협상 대안이 될 수 없다고 생각했던 요소도 상황에 따라 적합한 협상 대안으로 떠오르기도 한다. 상대방보다 많은 협상 대안을 생각해낼 수 있다면 협상의 주도권을 별 어려움 없이 잡을 수 있고, 상호 양보를 교환하는 데도 많은 도움이 된다.

또 전체적인 윤곽을 그리면서 협상을 진행하면 상대방의 직렬협상 전술을 사전에 방지할 수 있다. 제시된 모든 협상 목록을 머릿속에 담아놓고 안건 별로 득실을 계산하면서 양보할 부분은 양보하고, 양보를 얻어낼 부분은 확실히 얻어낼 수 있도록 해야 한다. 만약 전체적인 윤곽을 그리지 않고 협상을 진행하면 시야가 좁아져 한 가지 안건에만 집착할 우려가 있으며, 그러다 보면 맹목적인 경쟁으로 협상이 치달을 수 있다. 그러므로 항상 숲과 나무를 동시에 보면서 협상을 진행할 수 있는 능력을 길러야 한다. 그러한 능력을 길러야 협상 목록 전체를 내놓고 병렬협상을 진행할 수 있게 된다. 병렬협상은 협상의 진행을 전체적으로 볼 수 있어 잘된 점과 잘못된 점을 쉽게 파악할 수 있고, 상황에 따라 잘 해결되지 않는 2~4가지 안건을 엮어 한 번에 처리할 수도 있기 때문에 쌍방 모두에게 유리하다.

협상 진행 중에도 협상 목표를 향해 점진적으로 착실하게 다가가야 한다. 졸속한 합의를 위해 서둘러서는 안 되며 협상을 하면서 중간중간 지금까지 합의된 내용을 쌍방이 잘 이해하고 있는지, 당초의 목표대로 협상이 잘 진행되고 있는지 확인하면서 진행해나간다.

양보할 때는 천천히 하고, 양보의 이유를 분명히 밝힌다

양보를 하더라도 쉽게 해서는 안 되고 부득이하게 양보를 해야 할 상황이라면 되도록 적은 비용이 들이면서 상대에게는 큰 가치가 될 수 있는 것을 양보하는 것이 바람직하다. 양보를 하면서 "이번 양보가 우리에게 큰 부담이 되지만 쌍방 모두에게 도움이 될 것으로 기대하여 양보한다"라고 양보의 정당한 이유를 밝힘으로써 협상 상대가 부담을 느끼게 해야 한다. 만약 합당한 이유를 설명하지 않는다면, 상대방은 우리가 애초에 양보를 고려해 일부러 높은 조건을 제시한 것으로 오해하게 되고 마땅히 받아야 할 양보를 받는 것으로 생각해 부담을 느끼지 않게 된다.

상대에게 양보를 요구할 때는 상대가 부담이나 체면의 손상을 느끼지 않도록 정당화시켜주고 양보받은 내용에 감사를 표해야 한다. '양보할 때는 천천히 하고, 양보의 이유를 분명히 밝힌다'는 계명을 항상 새기면서 협상을 진행해야 한다. 또한 양보는 한쪽에서 일방적으로 하는 것이 아니라 교환을 통해 서로에게 득이 되도록 해야 한다.

상대방이 주도하고 있다고 느끼게 한다

협상에도 게임의 본질이 어느 정도 가미되어 있기 때문에 승리하는 쪽이 있으면 패배하는 쪽이 있기 마련이다. 그러나 승자라고 해서 계속 승리할 수 있는 것은 아니며 언젠가는 패배의 쓰라림도 경험하게 된다. 거의 모든 사람들은 승리하는 것을 좋아하고 패배하는 것을 좋아하지 않는다. 패배하면 그만큼 손실을 보기 때문이다. 될 수 있으면 패배를 피하고 싶어 한다. 그래서 사람들은 협상을 앞두고 초조해한다. 아무리 많이 준비하고 협상력이 뛰어나다고 자부하는 사람도 막상 협상이 눈앞에 닥치면 왠지 불안하고 초조하다. 협상에서 패할까 봐 두렵고, 그 결과 때문에 자신에게 쏟아질 질책과 책임이 걱정되는 것이다.

협상을 처음 시작할 무렵, 필자도 협상력이 부족하여 많은 패배를 경험했고, 패배에 대한 공포와 두려움이 가시지 않았던 적이 있었다. 그렇기 때문에 협상에서 패배한 사람의 심정을 이해할 수 있다. 이번 협상에서 만약 우리가 승리한다면 반대로 협상 상대방은 쓰라림을 느낄 것이고 보복을 생각할지도 모른다. 협상 결과를 기준으로 계약서를 체결했어도 패배한 쪽에서 지나치게 불만이 많다면, 형식적으로는 계약을 이행하는 것 같지만, 계약 이행의 성실성과 완성도를 보장할 수 없게 된다. 따라서 협상이 우리 측에 유리하게 전개되더라도 결코 이를 드러내지 말고 오히려 중립적인 입장에서 담담하게 협상을 진행해야 한다. 상대방이 끌려가고 있다거나, 불리하다거나, 패배했다고 느끼지 않도록 상대에게 선택권을 주고 그들이 스스로 결정하게 함으로써 자신들이 주도권을 쥐고 있다고 느끼게 해주는 것이 좋다. 또한 상대의 공로나 공헌에는 찬사를 아끼지 말고 격려해주는 것이 좋다.

한 가지 예를 들어보기로 한다. 건설장비를 생산하는 회사가 건설회사에 굴착기를 판매하기 위해 판매 제안서를 제출한 뒤, 건설장비 생산회사의 영업담당 차장이 건설회사 구매담당 과장을 만나 협상을 벌이고 있다고 가정해보자. 다른 조건에서는 거의 합의 단계에 도달했으나, 장비 공급가격을 얼마로 할 것인가에 대해서는 합의에 이르지 못한 상태이다. 건설회사 구매담당 과장은 장비 공급가격을 2퍼센트 낮춰줄 것을 요구했지만, 건설장비 생산회사의 영업담당 차장은 아무리 검토해보아도 0.5퍼센트 이상은 낮출 수 없다고 한다. 건설회사 구매담당 과장과 건설장비 생산회사의 영업담당 차장은 서로의 견해만 내세우며 물러서지 않았다.

시간이 한참 지난 뒤 영업담당 차장은 '이래서는 결론이 나지 않겠다'는 생각이 들어 한 가지 제안을 했다. "현재 우리 회사에 주문량이 쇄도하여 우리가 보유한 운송설비가 일시적으로 부족현상을 보여 납기를 맞추는 데 다소 문제가 있을 것 같다. 만약 귀사에서 보유한 운송설비를 투입해 운송 부담을 일부 덜어준다면 장비 공급가격을 1퍼센트까지 낮춰줄 수 있을 것 같고, 그렇지 않으면 0.7퍼센트까지 인하할 수 있다. 귀사에서 잘 생각하여 어느 쪽을 선택할 것인지 결정해달라." 상대방은 제안을 검토해본 후 유리한 쪽을 선택할 것이다. 이런 제안을 받은 구매담당 과장은 비록 처음 요구했던 2퍼센트를 다 받아내지는 못할 것 같지만, 자신이 칼자루를 쥐고 주도한 듯한 생각을 할 것이며, 능동적으로 결정한 것처럼 흡족한 기분을 느끼게 될 것이다. 이와 같이 협상 상대방에게 선택권을 주면 상대방은 자신의 결정을 만족스럽게 생각하며 끌려가고 있다거나, 불리하다거나, 패배했다는 느낌을 떨쳐버리게 된다.

상대방의 표정과 몸짓에서 의중을 파악한다

협상은 상호 간의 정보 수집과 정보 교환의 연속적인 과정이다. 상대방의 의도를 정확히 알려면 상대방이 표현하는 말을 잘 들어야 함은 물론, 신체적인 언어까지 제대로 읽어내야 한다. 상대방에게 우리의 뜻을 전달할 때도 마찬가지다. 일상적인 대화에서 사용하는 여러 의사소통 수단의 전달 효과를 조사한 통계를 보면, 단순히 말로만 표현한 효과는 7퍼센트에 그쳤으며, 육두문자 등 감정 섞인 표현을 사용하면 약 15퍼센트, 시각물을 이용하면 25퍼센트 정도의 효과를 본다고 한다. 그런데 신체적인 언어를 통한 의사전달 효과는 60퍼센트나 된다고 한다. 마찬가지로 협상에서도 신체언어를 이용한 의사전달의 효과는 매우 크다.

상대방에게 우리의 뜻을 전달할 때도 그렇지만, 상대방의 뜻을 정확히 파악하기 위해서도 상대방이 하는 말과 표정, 몸짓을 잘 관찰해야 한다. 예를 들어 상대방의 표정이 밝고, 입이 벌어지며, 입가에 근육이 해이해졌을 때는, 우리의 제안을 긍정적으로 생각하고 있다는 징표로 볼 수 있으며, 우리의 동작에 따라 시선이 움직이거나, 제시한 자료를 열심히 검토하기 시작하거나, 자세를 고쳐 앉거나, 자세가 우리를 향해 다가올 때는, 우리의 제안을 받아들일 자세가 되어 있다는 뜻으로 보아도 좋다. 그러나 상대방이 무표정한 얼굴로 있거나, 엉뚱한 이야기를 꺼내거나, 팔짱을 끼고 있거나, 시계를 자주 본다면, 우리의 제안에 관심이 없고 받아들일 뜻이 없다는 증거가 될 것이다.

협상 중에는 다른 신체언어도 발견된다. 사람이 거짓말을 할 때 드러나는 가장 나쁜 습관이 발을 떠는 것이다. 상대방이 발을 떤다는 것은 불안하고 안절부절못한다는 징표다. 이를 정확히 간파할 수 있으면 상대방의 거짓말에 속아 넘어가는 것을 방지할 수 있다. 협상을 진행하는 동안 상대의 얼굴을 쳐다보고 눈을 주시해야 하는데, 눈을 마주치지 못하는 경우를 종종 발견할 수 있다. 상대방이 시선을 피하면 우리에게 숨기는 뭔가가 있거나 떳떳지 못하다는 의미다. '포커페이스'라는 말을 들어본 적이 있을 것이다. 겉과 속이 다르다는 의미로 쓰이곤 하는데 트럼프를 할 때 이길 확률이 낮은 카드를 들고 있으면서도 높은 카드를 든 것처럼 태연하게 앉아 여유로운 표정을 짓는 사람을 말한다.

이런 예는 북한이 등장하는 협상에서 자주 발견된다. 아직도 기억에 남는 것은 1995년 중국 베이징에서 열린 3차 남북 쌀 협상이다. 북측 대표인 전금철은 아주 노련한 협상가였다. 그 당시 서울에서 1·2차 회담이 끝난 뒤 북한에 쌀을 보냈는데, 3차 회담 직전에 한국 어선이 피랍되는 사건이 벌어졌다. 한국에서는 3차 회담을 통해 피랍된 선원과 어선을 돌려받으라는 여론이 들끓었다. 그래서 한국 협상단은 "협상 전에 우리 선원과 어선을 돌려달라"고 주장했고, 북한은 "먼저 쌀을 더 주겠다는 약속을 하면 선원과 어선을 돌려보내겠다"고 하여 월요일부터 목요일까지 서로 팽팽히 맞섰다. 겉으로 보기에는 한국 협상단이 아쉬운 점이 많아 보였다. 그러다가 금요일에 한국 협상단이 갑자기 돌변하여 "북한이 먼저 선원과 어선을 돌려주지 않으면 추가 쌀 지원은 없다"라고 선언했다. 한국

선원과 어선을 빌미로 추가 쌀 지원을 받아내려던 북한은 한국 협상단이 이렇게 나오자 속으로는 매우 당황했을 것이다. 그러나 전금철은 노련한 협상가답게 표정과 말투에 별다른 변화 없이 태연함을 유지했다. 겉으로는 전혀 불안한 기색이 보이지 않았다. 하지만 전금철도 인간인지라 결정적인 순간에 불안한 속마음을 드러내고 말았다. 담배 애호가인 그가 거꾸로 문 담배에 불을 붙인 것이다. 세 번씩이나 그랬다고 한다. 당황한 속마음은 결국에는 신체언어로 드러난다는 것을 알 수 있는 이야기이다.

어려운 상황에서는 생각할 시간을 번다

사람은 예기치 못한 충격적인 사실을 접하거나 상대방에게서 생각지 못한 요구를 받게 되면 어떤 생각도 떠오르지 않고 꽉 막힐 때가 있다. 이런 상황에 처하면 협상을 정상적으로 끌어갈 수 없게 되고 실수할 확률도 높아진다. 우선 소나기를 피하고 난 뒤 다음을 생각하라고 했다. 이런 비정상적인 상황에서 빨리 벗어나려면 잠시 생각할 시간을 확보해야 한다.

예를 들어 휴식시간을 가지자고 하거나, 협상을 내일로 미루자고 제안하거나, 화장실에 가서 숨을 돌리고 생각해보거나, 음료수를 마시면서 생각해보는 등 시간을 확보해야 한다. 만약 계산이 필요한 경우라면 계산기를 두드리며 생각을 정리할 시간을 버는 것도 좋은 방법이다. 때로는 확인해볼 사항이 있다고 하면서 회사에 전화를 걸어 시간도 벌고 숨도 돌리는 요령이 필요하다. 중요한 것은 궁지에 몰리거나 충격을 받을 만큼 혼란스러운 상황에 접했을 때, 주저 없이 벗어날 수 있는 결단력이다.

마지막까지 지구력을 유지한다

흔히 축구 경기에서 처음 시작 5분과 마지막 5분이 가장 중요하다고 한다. 마라톤 같은 긴 협상을 진행하려면 지구력을 유지할 수 있어야 하며, 정신적으로는 인내하며 버틸 수 있어야 한다. 우리가 이러한 요소를 갖추고 있다면 협상을 유리하게 이끌 수 있다. 상대방보다 신체적으로 건강하며 인내력과 지구력이 뛰어나 오래 버틸 수 있다면, 시간 면에서 유리하며 원하는 방향으로 협상을 주도하여 상대에게서 많은 양보를 얻어낼 수 있을 것이다. '협상은 인내와 끈기의 싸움이다'라고 할 정도로 협상 중에는 여러 가지 어려운 상황을 맞을 때가 많다. 이때마다 정신력으로 버텨내야 하며 기 싸움에서 져서는 안 된다. 협상은 상호 이해관계가 얽힌 과제를 놓고 장시간 밀고 당기는 줄다리기를 해야 하기 때문에 체력이 뒷받침된 끈기와 지구력을 유지해야 한다.

이러한 면에서 해외로 출장을 나가서 협상을 할 경우 여행에서 오는 피로를 가능한 한 빨리 풀어 현지 시차에 적응할 수 있도록 미리 대비하는 것이 좋다. 외국 업체와 협상하러 출장을 갈 때, 미진한 부분을 보충하려고 비행기 안에서 14시간 내내 협상 준비를 한 적이 있다. 갑자기 결정되는 출장이 많아 충분한 준비시간이 없을 경우에는 비행기 안에서 협상 준비를 해야 했다. 비행시간 동안 준비할 시간을 가져 그 나름대로 도움이 된 점도 있었다. 그러나 비행 중에는 느끼지 못했지만, 도착 후 너무 피곤하여 협상을 진행하는 데 어려움이 많았다. 이는 소탐대실小貪大失이다. 협상 준비를 충실히 하려고 몇 시간을 더 욕심냈지만, 오히려 협상 과정에 악영향을 끼치는 우를 범한 것이다.

협상 성과를 높이려면 협상이 최종 마무리될 때까지 체력이 뒷받침되어 끈기와 지구력으로 버텨야 한다. 협상이 마무리 단계에 이르면 협상을 통해 합의된 내용을 서로 확인하고 신속하게 정리하여 서면 합의서를 완성시키는 것이 좋다. 만약 이 과정에서 필요 이상으로 시간을 지체하면, 상대방의 심경에 어떠한 변화가 올지 모르고, 급격한 상황 변화에 의한 이의 제기가 있게 될지도 모른다. 이렇게 되면 복잡한 상황이 야기될 수 있으며, 최악의 경우에는 지금까지 공들여 이룩해놓은 협상 결과가 수포로 돌아갈 수도 있다. 합의된 내용을 서면으로 정리하고 상호 서명한 후에야 비로소 협상이 마무리되었다고 볼 수 있다.

이것만은 기억하자

- 지피지기백전불태라 했으니 협상 전에 상대방의 입장에 서서 상대방의 목표를 분석해본다.

- 협상 목표를 한번 낮추면 다시 높이는 것은 불가능하다. 목표는 도전적으로 높이 설정하고 있는가?

- 협상에 대비한 대안은 충분히 마련했으며 내부적인 합의가 이루어졌는가?

- 준비한 내용을 실제로 연습해보고 조정했는가?

- 본격적인 협상에 들어가기 전에 상대방의 협상 목록을 모두 확인했는가?

- 양보 전략은 미리 수립했는가?

- 협상 중 상대방이 불리하게 끌려가고 있다는 느낌을 주고 있지는 않은가?

- 협상 중 상대방의 말씨, 표정, 몸짓 등이 어떠한지 주목하고 있는가?

- 협상 중 진퇴양난의 상황에 처했을 경우 빠져나올 대책은 수립되어 있는가?

- 오랫동안 진행되는 협상에 대비한 체력과 인내력을 갖추고 있는가?

07

대세를 결정지을
협상 전략을 수립한다

상대방과 협상을 진행하는 전략을 3단계, 즉 '협상 준비 전략',

'본 협상 전략', '협상 마무리 전략'으로 나누어 각 단계별로

필요한 전략을 소개했다. '협상 준비 전략'에서는 협상 준비일정 수립,

협상 상황 분석과 전략 수립에 대해, '

본 협상 전략'에서는 협상을 열기 위한 분위기 조성,

협상 목록 파악과 초기 조건 제시, 쟁점 파악과 양보의 교환에 대해,

'협상 마무리 전략'에서는 협상을 마무리하면서 유용하게 활용할 수 있는

몇 가지 전략을 소개한다.

협상 준비 일정 수립

비즈니스를 수행하기 전에, 먼저 해야 할 업무와 일정을 계획하는 것은 철저한 준비를 통해 차질 없이 비즈니스를 수행하기 위해서 꼭 필요하다. 마찬가지로 협상에서도 수행해야 할 업무와 일정을 수립하는 것은 중요하다. 다음의 표에서 예시한 협상 준비 일정표는 많은 도움을 줄 것이다.

협상 준비 일정표

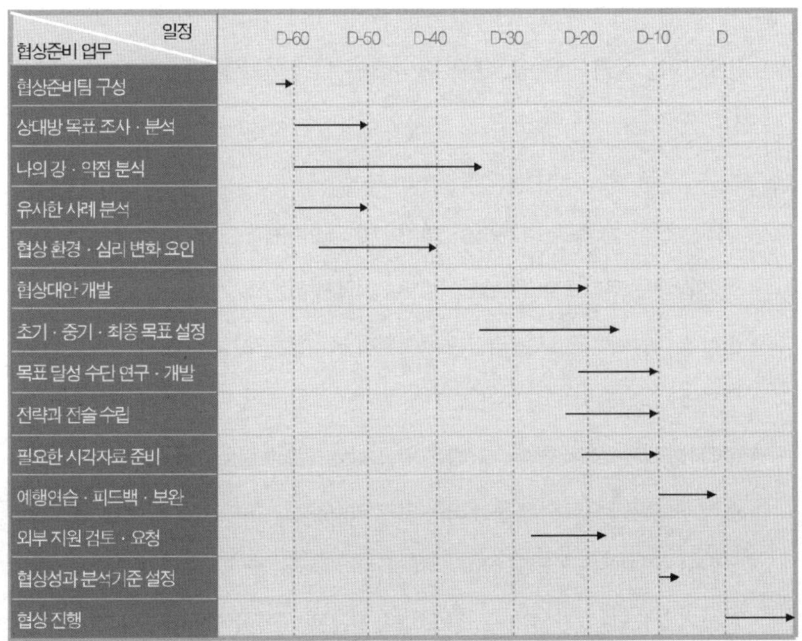

협상 준비 전략:
협상 상황 분석

상황 분석이라고 할 때 가장 먼저 떠오르는 책이 『손자병법』이다. 우리가 살아가는 하루하루는 총칼 없는 전쟁과 같다고 해도 과언이 아니다. 복잡하고 전문화된 현대 사회에서 업무를 수행해나가려면 자신은 물론이고 상대에 대해서도 잘 알고 있어야 한다. 협상 상대와 거래할 때도 전략이 필요하며, 이러한 전략은 협상의 초기 단계부터 이미 윤곽이 잡혀 있어야 한다. 상대방과 협상을 처음 시작할 때, 조사 및 분석을 통해 상대방을 파악해놓으면 어떤 전략으로 협상을 진행할 것인지를 확실하게 정할 수 있기 때문이다. 상대방과 협상하기 위한 전략을 세우려면 우선 협상에 관련된 상황 분석이 필요하다. 상황 분석을 위해 점검해야 할 핵심 사항을 정리하면 다음과 같다.

- 우리는 협상 상대로부터 무엇을 얼마나 얻고자 하는가?
- 협상 상대는 우리로부터 무엇을 얼마나 얻고자 하는가?
- 협상 상대방의 강점 또는 약점은 무엇인지 파악했는가?
- 우리의 강점 또는 약점은 무엇인가?
- 우리가 모르는 것을 협상 상대방은 알고 있는가?
- 협상 상대방이 모르는 것을 우리는 알고 있는가?
- 쌍방이 제3자에게 알리고 싶어 하지 않는 것을 서로 알고 있는가?
- 협상에 소요되는 시간은 어느 정도이며, 시간은 어느 쪽에 얼마나 유리한가?

- 협상 상대방의 협상 대상 목록은 어떤 것이며 각각의 목표는 무엇인가?

- 협상 상대방이 이번 협상에서 가장 우선시하고 중요시하는 것은 무엇인가?

- 협상 상대방 seller / buyer 의 의사결정 조직에서 최종 결정권자는 누구인가?

- 상대 협상단의 구성원과 결정권자 각각의 성향, 영향력, 업무 파악 수준, 협상의 우선순위는 무엇인가?

- 협상에 대한 경쟁 정도와 우리 이외에 참여할 가능성을 지닌 경쟁자 수는 어떠한가?

- 협상 상대에게 윤리·도덕·원칙이나 신념에 충실하려는 의지가 있는가? 만약 있다면 어느 정도인가?

- 쌍방이 상대의 조직 구성원에게 비공식적으로 접근하거나 영향력 있는 인사의 힘을 이용할 수 있는 능력은 어느 정도인가?

- 정치적 영향력은 어느 정도이며 얼마나 활용될 수 있는가?

이 외에도 상황에 따라 추가할 것과 뺄 것이 있으므로 여기서는 더 열거하지 않기로 한다. 이와 같은 주요 점검 사항을 참고하여 자료와 정보를 수집한 후 상황을 세밀히 검토하기 위한 분석을 실시한다. 협상 관련 자료와 정보를 분석하는 데 좀 더 체계적으로 접근하기 위해 다음과 같은 상황설정 방법을 택하면 좋을 것이다. 여러 가지 상황이 있겠지만 비즈니스 측면에서 볼 때 상대방과의 관계는 크게 2가지의 축, 즉 성과 중심축과 관계 중심축을 조합하여 4가지 상황이 나올 수 있다. 협상 상황 분석과 관련하여 다음의 사례를 통해 알아보기로 한다.

선박 및 해양구조물과 굴착기 등 건설 중장비를 생산하는 S중공업에서 어느 날 베트남 하노이 건설회사의 판 반 카이 구매담당 부장이라는 사람으로부터 굴착기 10대를 구매하고 싶다고 연락을 받았다. 베트남에 되도록 좋은 가격으로 수출해줄 수 없느냐는 문의였다. S중공업의 정가 list price 상 굴착기 공식 판매가격은 1대당 50만 달러. 하지만 해외의 단골고객에게는 비공식적으로 대당 45만 달러에 판 적도 있다.

최근 베트남은 경제개발에 따른 건설 붐이 일어 건설 중장비가 많이 소요되고 있다는 뉴스는 자주 들었으나, 이름이 알려지지 않은 건설회사에서 직접 구매의사를 밝혀온 것은 처음이라 어떻게 대처해야 할지 S중공업으로서는 고민이다. S중공업에서는 베트남의 하노이라는 건설회사와 거래를 해본 적이 없을 뿐만 아니라 회사 이름도 처음 들은 상태이다. 최근 베트남 경제의 지속적인 성장과 건설 붐을 고려해본다면 판 반 카이 부장의 제안은 상당히 흥미가 당기는 일이기는 하다. 하노이의 판 반 카이 부장과의 협상은 다음과 같이 상황에 따라 달라질 것으로 보인다.

1) 관계중시 상황

협상 상대방이 당장의 거래에서는 큰 이익이 되지는 않겠지만, 장기적으로 볼 때 이점이 많을 것으로 판단되는 상황이다. 즉 이번 협상에서 얻어낼 성과는 그리 크지 않더라도 앞날을 위해 상대와의 관계 형성이 매우 중요하다고 생각되는 경우이다.

조사 결과에 의하면 얼마 전까지만 해도 베트남에서 이름도 알려지지 않았던 하노이 건설회사가 최근 베트남 경제의 급성장과 건설 붐에 편승하여 베트남 전역으로 세를 확장하고 있으며, 건설회사를 주축으로 여러 방면으로 사업을 다각화하려는 계획이 있음을 알게 되었다. 또한 자금력도 대단하여 적합한 사업을 발굴하면 투자할 수 있는 능력도 보유하고 있다는 것을 알게 되었다. S중공업은 베트남의 건설 중장비 시장에 높은 관심을 가지고 있고, 하노이 건설회사와 합작하여 건설자재 관련 사업에 진출할 가능성이 있다고 판단하여 하노이 건설회사와 관계를 형성하는 것은 매우 중요하다고 볼 수 있다. 하지만 최근 굴착기 수주 물량이 예상보다 많아 기존 수주 물량도 납기일을 맞추기 어려운 상황이다. 또 현재 S중공업으로서는 10대 정도는 회사의 매출에 큰 영향을 미치지 않을 것이며 협상 성과에도 큰 기대를 하지 않는다. 이와 같은 관계중시 상황이라면 S중공업으로서는 굴착기 10대에 대한 협상에서 다소 양보를 해주고, 장기적인 안목에서 하노이 건설회사와 좋은 관계를 맺는 것이 유리하다고 생각하게 된다.

2) 거래중시 상황

조사와 분석 결과에 따르면 협상에서 기대되는 성과는 비교적 큰 반면 상대와의 관계 형성은 그리 중요치 않다고 판단되는 경우이다.

하노이 건설회사는 베트남 내 중소형 건설회사로 큰 영향력이 없으며, 최근 베트남 경제가 급성장하고 건설 붐이 일고 있지만 하노이 건설회사는 규모가 작아 시장을 지배할 만한 잠재력이 크지는 않은 것으로 드러났다. 또한 자금력도 크지 않아 다른 사업에 투자할 만한 여력이 없는 것으로 파악되었다. 따라서 S중공업은 장기적인 안목으로 하노이 건설회사와 합작하여 사업을 추진하는 것에는 별 기대를 하지 않는다. 그러나 최근 수주 물량이 줄어들어 회사운영도 어려운 상황으로 굴착기 10대 거래라도 S중공업으로서는 상당히 중요한 협상 안건이다.

상황이 이럴 경우 S중공업은 앞으로의 관계는 소홀히 하더라도 수단과 방법을 가리지 않고 눈앞의 굴착기 판매 협상에서 많은 성과를 끌어내려 할 것이다. 이와 같이 거래중시 상황일 때 협상자는 그 협상을 마치 '피자 갈라 먹기'식으로 본다. 즉 상대의 몫을 최대한 빼앗아오기 위해 전력투구를 하게 되고 경쟁 위주의 협상으로 치닫게 된다.

3) 후순위 상황

상대방과의 관계구축의 중요성도, 기대되는 협상 성과도 별로 크지 않은 경우다. 이럴 경우 협상자는 상대와의 협상 자체에 관심이 없거나 아주 적을 것이다.

조사 및 분석 결과에 의하면 하노이 건설회사는 베트남 내 중소형 건설회사로서 큰 영향력이 없으며, 최근 베트남 경제가 급성장하고 건설 붐이 일고 있지만 회사의 규모가 작아 시장을 지배할 만한 잠재력이 크지 않다. 또한 자금력도 뒷받침되지 못하여 다른 사업에 투자할 만한 여력도 없다고 파악되었다. 한편, S중공업은 최근에 수주 물량이 예상보다 많아 기존 수주 물량의 납기 준수도 어려운 지경이어서, 굴착기 10대 거래는 회사의 경영에 영향을 별로 주지 않고 중요하지 않은 협상 안건이다. 따라서 S중공업은 장기적인 안목에서 베트남 시장에 진출하여 하노이 건설 회사와 합작하여 사업을 추진하기 위한 관계 형성에 기대를 걸지 않고 있으며, 눈앞의 굴착기 10대 거래에도 관심이 적어 가능하면 협상을 후순위로 미룰 생각이다.

4) 상호 협력 상황

협상을 통해 얻어낼 성과도 크고 상대와의 관계 형성도 상당히 중요하다고 생각되는 경우이다. 협상 상대가 당장의 거래에서도 큰 도움이 되고, 장기적인 안목으로 보아도 이점이 많을 것으로 판단되는 경우다.

조사 결과에 의하면 얼마 전까지만 해도 베트남에서 이름 없는 건설회사였던 하노이 건설회사는 베트남 경제의 급성장과 건설 붐에 편승하여 베트남 전역으로 건설 현장을 확장해가고 있으며, 건설회사를 주축으로 여러 방면으로 사업을 다각화하려는 계획까지 가지고 있음이 드러났다. 또한 자금력도 대단하여 적합한 사업을 발굴하면 과감히 투자할 수 있는 능력을 보유하고 있다는 것도 알게 되었다. 베트남의 건설 중장비 시장에 큰 관심이 있는 S중공업은, 하노이 건설회사와 합작하면 건설자재 관련 사업에 진출할 가능성도 있는 듯하여 하노이 건설회사와의 관계 형성에 대단히 관심이 많다. 게다가 불황으로 굴착기 수주 물량이 줄어들어 적은 물량이라도 판매하는 것이 중요해졌다. 따라서 S중공업으로서는 비록 10대라 할지라도 협상 성과에 거는 기대가 크다. 이런 상황에서 S중공업은 굴착기 10대에 대한 판매 협상에 적극적으로 임할 것이며, 하노이 건설회사와 긴밀한 관계를 형성하여 합작투자를 통해 베트남에 교두보를 마련하는 것이 장기적으로 유리하다고 생각할 것이다.

이와 같은 상호협조 상황에서 협상자는 협상을 '피자 굽기'상황으로 인식하고 서로 협력하여 피자 자체를 크게 구우면 서로 나누어 가지는 몫이 커진다고 생각하는 것이다. 즉, S중공업은 앞으로 하노이 건설회사를 통해 베트남 시장 진출의 교두보를 마련하고, 하노이 건설회사는 S중공업으로부터 좋은 조건으로 건설 중장비를 공급받음으로써 상호 만족할 수 있는 윈 - 윈 협상 결과를 얻는 것이다.

협상 준비 전략: 협상 전략 수립

협상에서 사용할 전략은 이미 비즈니스의 초기 단계부터 윤곽을 잡기 마련이다. 협상 상대방과 비즈니스를 시작하기 전부터 조사 및 분석을 통해 상대방을 파악해 놓으면, 어떤 전략으로 비즈니스 협상에 임할 것인지 대략 개념이 정립되기 때문이다. 비즈니스 측면에서 협상 전략을 수립할 때 가장 기본이 되는 개념으로 크게 2가지의 축, 즉 거래 중심축과 관계 중심축에 의해 4가지 상황이 나올 수 있다.

앞의 협상 상황에서 협상 상대방을 조사 및 분석한 결과, 협상 상대방이 이번 거래에는 큰 도움이 되지 않으나 장기적으로 볼 때 이점이 많다면, 이번 거래에서는 양보해주고 그 대신 돈독한 관계를 맺는 협상 전략을 취하게 될 것이다. 협상 상대방이 이번 거래에서는 큰 도움이 되지만, 장기적으로 볼 때 큰 이점이 없다고 판단되면 이번 거래에서 상대방으로부터 최대한 많은 이익을 얻어내려는 방향으로 협상 전략을 수립하게 될 것이다. 또한 협상 상대방이 이번 거래측면에서도 장기적인 관계측면에서도 큰 도움이 되지 않는다면, 협상을 회피하려는 전략을 취하게 될 것이다. 협상 상대가 당장의 거래에서도 장기적으로 볼 때도 이점이 크다고 판단되면, 협상을 통해 이번 계약도 확보하고 지속적인 관계도 유지하려는 협상 전략을 추진할 것이다. '착안대국, 착수소국着眼大局 着手小局'이라고 했다. 이러한 상황을 고려하여 우리는 협상에 임하기 전에 큰 그림을 그리고 세부적인 전략과 계획을 수립하여 만반의 준비를 해야 한다.

협상 당사자는 앞에서 언급한 4가지 협상 상황에 따라 다음과 같은 협상 전략을 채택할 수 있다.

1) 양보 협상 전략

관계중시 상황에서 택할 수 있는 협상 전략이다. 당장은 다소 불리하더라도 장기적인 안목에서 관계 구축을 통해 협상 상대로부터 도움을 받거나 다른 가치 있는 것을 받아낼 수 있다는 기대를 가지고 협상 상대방의 주장을 수용할 수 있는 수준에서 받아들이는 전략이다. 이번에 양보를 하더라도 상대와의 관계 형성을 통해 앞으로의 협상에서 더 큰 것을 얻어내겠다는 전략이다.

새비지 등[8])에 의하면 양보 협상 전략은 협상의 가치를 최대화하고 상대방과의 친밀한 관계 형성에 목표를 두는 경우에 효과적이라고 설명하고 있다. 또한 이러한 전략은 서로 간에 상호 의존적 관계가 있을 때 사용이 쉽고 효과적이라고 말한다.

이 같은 양보 협상 전략이 성공하기 위해서는 협상 상대와 상호 신뢰를 바탕으로 하는 관계 구축이 튼튼히 이루어져야 하고, 거래에서는 '교환의 법칙rule of exchange'이 암묵적으로 형성되어야 한다. 즉 '이번에 내가 양보하면 다음번에는 상대방이 양보한다'는 암묵적 교환 관계다. 이 같은 교환의 법칙은 미국이나 유럽 같은 서양의 협상 문화보다는 동양의 협상 문화에서 일반적으로 통용된다. 달리 말하면 양보 협상 전략은 관계지향적relationship oriented 협상을 하는 한국과 중국 등 동양권 협상가가 종종 사용하는 전략이다.

앞의 사례에서, 베트남의 하노이 건설회사는 최근 베트남 경제의 급성장과 건설 붐에 편승하여 건설 현장을 확장해나가고 있고, 여러 가지 사업다각화 계획을 가지고 있으며, 자금력도 대단하여 적합한 사업을 발굴하면 과감히 투자할 수 있는 여력도 있는 것으로 알려졌다. S중공업의 입장에서는 하노이 건설회사와 합작하여 건설자재 관련 사업에 진출할 수 있는 가능성을 기대하고 있어 그들과의 관계 형성이 중요할 것이다.

그러나 굴착기 판매 거래에 관해서는 기존 수주 물량도 납기 준수가 어려운 지경이어서, 이번 굴착기 10대라는 눈앞의 협상 성과에는 큰 기대를 하지 않는다. 그러므로 굴착기 수주에서는 양보하는 전략으로 나갈 것이며, 대신 하노이 건설 회사와 좋은 관계를 형성하여 합작투자나 공동마케팅을 하는 등 베트남에 비즈니스 교두보를 마련하는 전략을 취할 것이다. 하노이 건설회사는 S중공업으로부터 장기적으로 건설 중장비를 좋은 조건으로 공급받는 방향으로 협상을 진행할 것이다.

2) 경쟁 협상 전략

거래중시 상황pizza cutting 에서 채택하는 협상 전략이다. 이는 협상 상대방과의 관계 형성으로 이익을 더 크게 만들어 미래에 나누기보다, 이번 거래에서 얻을 이익만 기대하기 때문에 되도록 협상에서 큰 성과를 얻기 위해 수단과 방법을 가리지 않는 경우이다. 물론 상대방에 대한 위협, 협박, 괴롭힘, 거짓 정보 흘리기 등 비윤리적 협상 행위도 서슴지 않는다.

자신의 정보는 내놓지 않고 상대방의 정보를 많이 얻어내고자 수단과 방법을 가리지 않기 때문에 서로 상대의 의중bottom line 을 파악하려고 많은 노력과 시간을 투자하게 된다. 이 같은 협상 전략은 협상 당사자에게 큰 성과를 가져다줄 수도 있지만 심각한 문제점을 지니고 있다.

무엇보다 비용과 시간이 많이 소요된다. 자신의 정보를 내놓지 않고 상대의 의중을 알아내기 위해 지나친 비용과 시간을 낭비한다. 미숙한 협상자가 협상 성과에만 눈이 어두워 이러한 전략을 채택하는 경우가 많다. 초보 운전자가 운전을 할 때 내 차만 보고 다른 차는 보지 않는 것과 같다. 협상을 할 때 나와 상대방 모두를 염두에 두고 진행해야 하나 혼자만 생각하기 때문이다. 초보 협상자는 자만심에 상대를 가볍게 보고 섣불리

공격하다가 도리어 상대의 반격으로 더 큰 손해를 보는 경우가 많다. 이와 같이 성과중심 협상 전략을 잘못 쓰면 호혜적이던 상대방이 경쟁협상 전략으로 노선을 바꾸게 될 가능성이 크다. 이렇게 되면 서로 루즈 - 루즈 lose - lose 협상을 하게 된다.

주벡 등[9]에 의하면 경쟁 협상 전략은 자신의 협상의 가치를 최대화하는 데 목표를 두며 상대방과의 관계에 거의 관심을 두지 않는다. 협상자가 확고한 경쟁 전략을 사용할 때 승패의 실질적 성과를 달성할 수 있을 것이나, 반면에 악화된 관계를 형성하게 될 수도 있을 것이다. 문제는 경쟁 전략을 사용했을 때 협상 상황을 악화시켜 결렬로 갈 수도 있다는 것이다. 경쟁 전략은 종종 낮은 공동이익을 산출하거나 합의 도출에 실패하게 된다.

앞의 사례에서, 하노이 건설회사가 베트남의 중소형 건설회사로서 큰 영향력이 없으며, 회사 규모가 작아 시장을 지배할 만한 잠재력이 없다면 S중공업으로서는 베트남 시장 진출을 위한 하노이 건설회사와의 합작 등 장기적인 관계 형성에 큰 기대를 걸 수 없게 될 것이다. 그러나 최근에 수주 물량이 줄어 회사 운영에 어려움을 겪고 있다면 S중공업에게 굴착기 10대의 거래 협상은 매우 중요하며 그들은 모든 수단과 방법을 동원하여 협상에서 큰 성과를 얻어내려 할 것이다.

3) 상호이익 협상 전략

상호협조 상황 pizza cooking 에서 나올 수 있는 협상 전략이며 협력 협상 전략이라고도 한다. 이번 협상으로 얻을 수 있는 성과는 물론 장기적인 관계 형성을 통하여 얻을 수 있는 이점도 크다는 판단하에 사용하는 전략이다. 상호이익 협상 전략에서 협상자는 협상을 '피자 굽기'로 본다. 즉 서로 협력하여 피자를 크게 구우면 나눌 수 있는 몫이 커진다고 생각하는 것이다. 이와 같은 협상은 쌍방이 서로 정보와 의중을 공개하고 상호 신뢰를 바탕으로 진행하게 된다.

새비지 등[10]에 의하면 협력적 전략은 협상의 가치를 최대화함과 동시에 상대방과의 관계 형성에 목표를 둔다. 관계와 실질적 결과가 모두 중요하다면, 협상자는 신뢰를 기반으로 한 협력을 고려해야 할 것이다. 이런 전략은 협상자의 조직과 상대방이 상호 의존적일 때 쉽게 사용할 수 있으며, 또 가장 효과적이다. 협상자 간의 상호 의존적 상황은 일반적으로 신뢰관계를 형성하며, 협상관계자들은 형성된 신뢰관계 내에서 자신들의 목표와 요구를 서로 노출하게 된다. 이러한 분위기에서 효과적인 문제해결과 윈 - 윈 결과가 발생할 수 있다.

앞의 사례에서, 하노이 건설회사가 이름은 거의 알려지지 않았지만 최근에 베트남 경제의 급성장과 건설 붐에 편승하여 건설 현장을 확장하고 있고, 여러 가지 사업다각화 계획을 가지고 있으며, 자금력도 대단하여 적합한 사업을 발굴하면 과감히 투자할 수 있는 여력이 있는 회사로 밝혀진 경우다. S중공업으로서는 하노이 건설회사와 합작하여 건설자재 관련 사업에 진출할 수 있는 가능성이 보이므로 하노이 건설회사와의 관계 형성에도 많은 관심을 보일 것이다. 또한 적은 물량이지만 굴착기 수주 협상에서도 많은 성과를 얻으려고 할 것이다. 하노이 건설회사도 S중공업으로부터 좋은 조건으로 건설 중장비를 공급받고 장기적인 안목에서 협력하는 방향으로 협상을 진행할 것이다.

4) 지연 협상 전략

상대방과의 관계구축의 중요성도, 이번 협상의 성과에 대한 기대도 낮다고 판단되는 후순위 상황에서 택하는 협상 전략이며 회피 협상 전략이라고도 한다. 이는 상대방과의 관계 형성이나 이번 협상의 성과에 기대하는 것이 작기 때문에 협상을 의도적으로 지연시키거나 협상 자체를 하지 않으려는 전략이다. 비즈니스에서 흔히 있는 일은 아니지만, 이를 위한 전략으로는 다음과 같은 것이 있다.

먼저 암시적 지연 전략이 있다. 협상 상대와 마주앉아 협상을 하더라도 당장 돌아올 혜택이 없고 앞으로도 관계 형성을 도모할 만한 비즈니스 거래가 없을 것으로 예상될 때, 적절한 이유를 들어 협상을 지연시키는 전략이다. 괜히 마주 앉아 협상해봐야 시간 낭비이고 곤란한 요구만 듣게 될 것이기 때문이다. 이런 때는 회사의 규정이나 내부의 견제 세력을 핑계로 빠져나올 수도 있다. 이런 경우 명시적으로 상대와 협상할 의사가 없음을 알려 서로의 시간 낭비를 줄여야 한다.

또 한 가지는 상대의 체면을 생각하여 협상을 어느 정도 진행하는 척하다가 어려운 문제가 돌출되어 나오면 진행 중인 협상 테이블에서 철수하여 협상을 회피하는 전략이다. 이는 예기치 못했던 새로운 협상 상황이 발생하거나 지금까지의 협상에서 얻고자 하는 것을 이미 획득하여 협상을 계속할 필요성을 느끼지 못하는 경우이다.

새비지 등[11]에 의하면 회피 avoidance 전략은 협상 자체를 무언의 거부로 피하는 것을 의미한다. 협상을 하지 않는 것을 선택하는 데에는 여러 가지의 이유가 있다고 본다. 우선, 협상을 하지 않고도 자신의 요구를 충족할 수 있다면, 회피 전략을 사용하는 것이 사리에 맞는 일이다. 상대방이 단순한 요구를 토대로 간섭하고자 하거나 상대방과의 관계가 매우 소원하다면, 상대방에게 어떤 사항을 묻는 것조차 가치 없는 일이 된다. 협상하기 위한 시간과 노력이 무의미한 경우나 다른 바람직한 대안을 가진 경우에 회피 전략을 선택한다.

대안은 협상에서 힘의 원천이다. 강한 대안을 가진 협상자는 그만큼 상당한 힘을 가진다. 왜냐하면 이 협상자는 최소한 50대 50으로 나누기 위한 협상은 하지 않기 때문이다. 반면에 약한 대안을 가진 협상자는 불리한 상태에 놓이게 된다. 그리하여 대안의 존재는 협상을 회피할 것인가에 대한 결정에 있어서 양방향의 갈등을 일으킨다.

먼저 강한 대안을 가지고 있는 사람은 효율성을 근거로 협상을 회피하기를 원할 것이다. 말하자면 협상을 하는 것보다 가지고 있는 대안을 선택하는 편이 더 빠르고 쉬운 일이 되기 때문이다. 그리고 약한 대안을 가지고 있는 사람도 협상을 피하려고 할 것이다. 일단 협상이 시작되면 협상 과정의 압력 때문에 성과가 빈약할 수 있기 때문이다. 그러나 이와 같은 회피의 상황은 개인 입장에서는 있을 수 있는 일이나, 비즈니스와 관런된 조직에서는 거의 있을 수 없는 일이라고 본다. 비즈니스는 대부분 서로 의존관계에 있기 때문에 회피를 할 문제라면 처음부터 협상의 대상이 되지 않기 때문이다.

퍼스 등[12]에 의하면 회피 전략을 무반응 전략으로 표현하기도 하는데, 무반응은 보통 협상에 있어서 다른 전략을 선택하기 전에 멈추는 중간 기착지로 볼 수 있다. 그러나 이러한 무반응이 무한정 지속된다면, 이는 철수와 마찬가지의 형태가 된다. 이는 손해볼 것이 없는 상태에 있는 협상자가 무반응을 채택하는 이유가 된다. 철수는 협상의 결렬을 의미하며, 이는 합의에 이르지 못하는 결과를 초래한다.

국제적 기업인수합병 M&A 협상에서 종종 이 같은 의도적 협상 철수 전략의 사례를 볼 수 있다. 미국 마이크론사의 하이닉스 협상 사례가 그러한데, 바로 경쟁기업의 정보를 얻기 위해 기업인수합병 협상을 하는 경우이다. 일종의 위장 협상인데, 이에 말려들면 기업의 귀중한 정보만 상대에게 내주고 아무런 성과도 얻지 못하게 된다. 마이크론은 협상 과정에서 얻은 정보를 바탕으로 2003년에 하이닉스를 미국 정부에 제소했다.

앞의 사례에서, 하노이 건설회사가 베트남 내 중소형 건설회사로서 큰 영향력이 없으며, 회사 규모도 작아 시장 점유 잠재력도 없는 것으로 나타난 경우이다. 또한 자금력도 약하여 다른 사업에 투자할 만한 여력이 없으므로 사업 합작이나 공동마케팅 등으로 상호 협력할 만한 가능성도 보이지 않는다. S중공업으로서는 최근에 수주 물량이 많아 기존 물량도 납기 준수가 어려운 지경이라, 더 이상의 거래는 필요하지 않은 상황이므로 의도적으로 협상을 지연시키거나 회피하는 전략으로 나갈 것이다.

5) 타협 협상 전략

이 밖에 타협 협상 전략split the difference 이 있는데, 현실적으로 자주 채택되는 전략이기도 하다. 앞에서의 전략을 활용하여 협상을 진행하다가 상호 합의가 어렵거나 불가능할 때 최후의 수단으로 활용하는 방법이다.

블레이크 등[13]은 타협 전략을 사용하면 협상 결과가 쌍방이 선호하는 협상 성과의 사이에서 나오기 때문에 결국 나누어 먹기 식으로 협상이 끝나게 된다고 보았다. 결국 타협 전략을 사용하면 제로섬 결과가 되어 협상력에서 불리한 쪽은 이익을 볼지 몰라도 유리한 쪽은 오히려 자신의 몫을 찾아오지 못함으로써 손실을 보게 될 것이다. 쌍방이 만족할 수 있는 제3의 대안을 찾아서 해결하기보다는 좁은 시야에서 상호 양보와 희생을 통하여 부분적인 만족만을 취하기 때문이다. 즉, 상대방보다 협상 성과를 높일 수 있는 유리한 요소들을 비교적 많이 가진 일방이 이를 적극적으로 활용하지 않고 현실에 안주하여 양보와 희생을 감수하면서 합의를 한 결과가 된 것이다.

이런 타협 전략이 비즈니스 협상에서는 어떤 이유에서 실제로 적용이 되는지 다시 고려해볼 필요가 있다. 다음과 같은 이유로 대부분의 협상자들이 타협 협상 전략을 현실적으로 손쉽게 채택하고 있다.

- 서로 공평하다고 느끼기 때문이다.

- 이해하기 쉽다. 본사에 들어와 타인에게 쉽게 협상 결과를 설명할 수 있다.

- 가장 간편하고 빠른 의사결정이다.

<table>
<tr><td>협상 준비 전략:
협상 분위기 조성</td><td>협상 상황을 분석하고 전략을 수립한 후 본격적으로 협상에 들어가기 전에 협상의 쌍방이</td></tr>
</table>

직접 만나 인사를 나누고 취미, 날씨, 스포츠, 공동 관심사에 대해 이야기를 나누면서 서로를 이해하고 친밀한 관계를 형성해가는 단계이다.

때로는 회사의 최근 근황 중에 본 협상과 직접적인 관련은 없지만 간접적으로 상대에게 압력을 가할 수 있는 정보를 흘림으로써 상대를 위축시켜 기선을 제압하는 경우도 있다. 기선을 잡기 위해 협상장의 조명과 좌석배치를 조정하거나, 상대를 만나 인사를 할 때 상대방의 이름을 의도적으로 잘못 불러 당황케 하는 등 이 모든 것이 본 협상을 자기 측에 유리하게 돌아가도록 하는 사전 정지 작업으로서, 협상을 시작하기 위한 분위기 조성으로 볼 수 있다.

1) 관계 형성

협상 상대와 상호 신뢰를 구축하는 데 중요한 것은 상대방과 초반에 어느 정도는 인간관계와 공감대가 형성되어 있어야 한다는 것이다. 관계 형성을 바탕으로 협상 상대와 상호 협조적인 방향으로 대화할 수 있고, 그에 따라 좋은 성과를 기대할 수 있는 것이다.

관계 형성relationship building 을 하는 데는 여러 가지 방법이 있다. 그중에서 가장 흔히 활용되는 방법이 접대 entertainment 이며 접대는 예나 지금이나 동서양을 막론하고 인간관계 형성의 유용한 수단으로 사용되고 있다. 접대로는 만찬, 골프, 스포츠, 등산 등이 있으며, 이를 통해 많은 대화를 나눔으로써 상대의 장단점, 상대가 겪고 있는 좋은 일과 나쁜 일을 서로 알고 공감하게 되어 상호 신뢰가 쌓이는 것이다.

필자의 경험으로 볼 때, 한국 사회에서는 술자리를 마련하는 것이 하나의 중요한 접대 방법인 것 같다. 밤늦은 시간까지 협상 상대와 술자리를 같이하고 마지막 코스로 그다음 날 함께 사우나에 가서 과음으로 쌓인 피로를 푸는 것이 일반적인 접대 문화다. 흥미로운 것은 술자리에서 협상 상대와 많은 대화를 나누는 것도 친밀한 관계를 형성하는 데 큰 도움이 되지만, 사우나에서 함께 목욕을 하면서 대화를 하고 나면 어느새 몇 배는 더 친밀한 사이가 된다는 점이다. 술자리뿐만 아니라 고객과 함께 골프를 치거나 등산, 또는 스포츠를 하고 나서도 일반적으로 샤워나 목욕을 함께 하게 되는데, 어느 심리학자들의 연구에 따르면 사람들은 목욕탕에서 함께 목욕을 할 때 어린 시절 냇가에서 발가벗고 놀던 동심으로 돌아갈 수 있기 때문에 서로 마음을 터놓기 쉬워진다고 한다.

관계 형성을 위한 방법 중 다른 하나는 상호 공통점을 발견하는 것이다. 현대 사회가 핵가족화되면서 사람들은 더욱더 외로움을 느끼고 있다. 때문에 자신과 비슷한 성격의 사람, 동향인, 같은 학교 출신 사람을 만나면 매우 반가워한다. 그래서 사람들은 모임에서 만나 첫인사할 때 고향이 어딘지 어느 학교 출신인지를 먼저 물어보는 것이다. 어떤 이해관계가 없어도 공통점이 있으면 마음을 터놓게 된다. 사람들은 자신과 공통점이 많으면 금방 친해진다. 자신과 거리감이 있는 사람에게는 속마음을 털어놓지 않지만, 친한 사람에게는 어려운 문제도 곧잘 의논하고 좋은 정보가 있으면 서로 주고받기도 하기 때문에 공통점 발견은 관계 형성을 위해 중요한 방법이다.

협상가는 협상 상대방과 의도적으로라도 관계를 형성하도록 노력해야 한다. 협상 상대가 선호하는 것, 취미, 성품, 철학, 집안 내력 등을 사전에 파악하여 대화에 활용할 수 있도록 한다. 과거에 산업자원부의 모 장관이 미국과 통상 관련 협상을 하러 가기 전에 미국 대표로 나온 통상부의 장관과 대화를 나누기 위해 현대 미국 미술사를 공부하고 갔다고 한다. 그 당시 미국 통상대표부 장관의 할아버지가 화가인 것을 미리 알고 서로 나눌 이야깃거리를 만들어 공감대를 형성하기 위해서였다.

같은 이유로 필자도 S그룹에 근무할 당시 미국 G사와 P사로 출장을 갈 때면 항상 미국 프로야구와 야구 팀별 시즌 성적 등을 조사해 연구·숙지하고 갔다. 미국인들은 대체로 야구에 관심이 많기 때문에 야구는 공식적인 비즈니스 상담이 끝나면 반드시 꺼내야 하는 화제였다. 미리 준비하지 않으면 비공식 석상에서 대화가 안 될 정도였다.

협상 상대와의 관계가 형성되면 상호 신뢰가 구축되고, 이를 바탕으로 상대방과의 진지한 대화와 효과적인 의사 전달이 가능해진다. 신뢰구축

credibility building 을 위한 방법으로는 다음과 같은 것들이 있다.

① 지위와 권위 강조: 본인이 조직 내에서 높은 지위를 차지하고 있고 합의된 내용을 조직 내에서 관철시킬 수 있음을 의도적으로 비쳐 상대에게 신뢰감을 심어준다.

② 전문가와 연계: 협상 상대가 해당 분야 최고 전문가라고 생각하는 사람을 자신과 연관시킨다. 전문가와의 연관 관계를 반복함으로써 협상 상대의 신뢰를 얻을 수 있다.

③ 선의 good will : 평소에도 협상 상대에게 호감을 가지고 있으며 이를 바탕으로 협상하고 싶다는 의견을 피력한다.

④ 태도 attitude : 매너, 옷차림, 교양 등에서 상대방이 인간적인 호감을 느낄 수 있게 한다.

협상 상대방의 신뢰를 얻기 위해서는 대화에도 관심을 가져야 한다. 협상 상대와 대화를 나눌 때는 다음과 같은 점에 유의하도록 한다.

① 되도록 많이 듣는다. 내가 말을 많이 하기보다는 상대방이 신이 나서 말을 많이 하도록 북돋아주면서 상대방의 말에 경청한다. 내가 말을 많이 하면 나도 모르는 사이에 나의 정보가 노출되지만 반대로 많이 들으면 상대방의 정보를 많이 얻을 수 있어 좋다. 우리에게 입은 하나이고 귀가 둘인 것은 말하기보다 듣기가 더 중요하기 때문이다.

② 질문을 많이 한다. 상대방이 말하지 않는 정보는 질문을 통해 알아낸다. 통계에 따르면 협상 전문가는 협상 초보자에 비해 질문을 통해 얻어내는 정보가 두 배 이상 많다고 한다. 그만큼 협상 상대방과의 대화에서 질문을 통해 얻어낼 수 있는 정보가 많다는 의미이다.

③ 자신의 의견을 말한다. 협상 상대방의 이야기를 다 듣고 이를 분석한 뒤 나의 의견을 말한다. 이런 식으로 말 실수를 줄이다보면 상대방은 나를 신뢰하게 된다.

2) 기선 잡기

기선 잡기는 간접적으로 압력을 가할 수 있는 정보를 흘리거나 의도적인 행동으로 상대를 위축시키거나 상대방의 경계심을 풀어 협상을 원하는 방향으로 유도하기 위한 사전작업이다. 만약 세일즈 담당이 기선을 잡기 위해 의도적으로 정보를 흘린다면 다음과 같이 할 수 있다. "귀사에서 구매하려는 우리 제품이 최근 인기가 상승하여 다른 구매자들로부터 주문이 쇄도하고 있으므로 오늘 합의되지 않고 미룬다면 납품 일정을 장담할 수 없습니다. 본 협상에서 부질없이 시간을 끌지 말고 빨리 결정하는 편이 나을 듯합니다." 구매자 입장에서는 세일즈 담당으로부터 이런 말을 들으면, 완전히 다 믿을 수는 없지만 그럴 수도 있다고 보여 뭔가 불안함을 느낄 것이다. 구매자라고 해서 항상 마음이 편한 입장에 있는 것은 아니다. 좋은 품질의 물품을 구매해 사용 부서에서 원하는 시기에 제때 공급해주어야 생산 일정을 차질 없이 맞출 수 있어 자신들에게도 득이 되기 때문이다.

만약 구매자가 기선 잡기를 위해 의도적으로 정보를 흘린다면 "귀사에서 제시하는 제품과 동일한 품질, 성능을 가진 제품을 공급할 수 있는 업체가 상당히 많습니다. 다른 업체에서 제안서를 받아 검토한 결과 어디에서 구매하든 상관없으며 판매 제안도 귀사보다 훨씬 좋은 조건이라는 것을 알게 되었습니다"라고 말할 수 있다. 그러면 세일즈 담당은 은근히 압박감을 느끼고 마음이 조급해질 것이다. 협상 상대가 우리의 기선 잡기 전략에 넘어가게 되면 그들은 초반에 흔들리게 되어 자신들이 당초 목표로 했던 대로 협상을 진행할 수 없게 되고 우리가 이끄는 대로 쉽게 끌려오게 된다. 물론 협상에 경험이 많은 사람들은 이미 낌새를 알아차리고 대비하겠지만 미숙한 협상자라면 상대 협상단의 전략에 흔들릴 확률이 높다. 기선을 잡기 위해 협상장의 조명과 좌석배치를 조정하거나, 상대를 만나 인사를 할 때 상대방의 이름을 고의로 다르게 불러 당황하게 하는 등, 이 모든 행위가 본 협상을 유리하게 이끌어가기 위한 분위기 조성 수단이다.

필자가 S그룹사에 근무할 때 캐나다 P사로부터 헬기 부품에 대한 견적을 요청받은 경험을 예로 들어보자. 견적을 제시한 후 10일 정도 지나자 P사로부터 협상을 하러 캐나다로 오라는 연락을 받았다. 담당 부사장과 필자는 협상에 응하기 위해 캐나다로 건너갔는데, 도착 당일 P사의 구매 담당 임원과 과장이 공항으로 마중을 나와 명함을 교환하면서 인사말을 주고받는 중에 P사 구매담당 임원이 필자에게 "힘든 상대로 보입니다

(You look like a tough negotiator)"라고 지나가듯 말을 던지는 것이었다. 그 순간에 필자는 별 다른 느낌이 없이 지나갔는데, 조금 지나 생각해보니 우리의 경계심을 누그러뜨리려는 전술이라는 것을 알게 되었다. 즉 앞으로 있을 자신들과의 협상에서 너무 빡빡하게 굴지 말라는 말을 칭찬 비슷하게 돌려서 말한 것이다.

협상 준비 전략:
협상 안건과 목록 파악

쌍방 간에 관계 형성과 신뢰 구축이 이루어지는 등 협상 분위기가 조성되면 본 협상으로 들어가게 된다. 어느 쪽이든지 협상을 위한 전략을 모두 갖추고 있으며 초기·중기·최종 전략 등으로 세분화하여 준비할 것이다. 물론 더 세분화된 전략이 있을 수도 있다.

이 단계에서 쌍방 간에 서로 탐색하면서 최초로 협상 안건이 제시되고 양측의 협상조건이 나오기 시작하면서 본 협상이 진행될 것이다. 협상이 진행되면 앞에서도 언급했듯이 어떻게 해서든 상대방의 협상 목록을 완전히 파악해야 한다. 상대방의 협상 목록을 완전히 파악하기 전에는 협상을 진전시키지 말아야 한다. 만약 세일즈 담당자라면 구매자인 상대방의 직렬협상 전략에 말려들어 큰 손실을 볼 수 있기 때문이다. 앞에서 제시된 안건이 협상 목록의 전부라고 생각해 어느 정도 양보하고 합의를 이끌어냈는데, 나중에 생각지도 않은 안건이 튀어나와 협상 진행을 어렵게 하거나 또 다시 양보할 수밖에 없는 상황에 처할 수도 있기 때문이다. 이렇게 되면 계속 양보를 하는 셈이 되어 손실만 커진다. 따라서 세일즈 담당자라면 상대방의 협상 목록을 완전히 파악한 후 협상 목록 전체를 놓고 병렬협상을 진행해야 한다. 병렬협상을 진행하면 협상해야 할 안건을 전체적으로 놓고 양보할 수 있는 것, 양보할 수 없는 것, 양보를 서로 교환할 수 있는 것 등으로 분류하여 진행할 수 있어 유리하다. 경우에 따라서 개별 안건으로 잘 해결되지 않는 등 진전이 더딜 때는 2~3가지 안건을 엮어 한 번에 처리package deal 할 수도 있기 때문에 병렬협상은 쌍방 모두에게 유리하다.

협상 목록에는 품질조건, 성능조건, 대금지불조건, 납기조건, 운반조건, 부품의 바이백buyback 조건, 교육훈련조건, A/S조건, 전략적 제휴 등 비가격적인 요소와 가격적인 요소가 있는데 여기서는 모든 것을 다루기보다 가격 협상을 중심으로 다루겠다.

본 협상 전략:
초기 조건 제시 전략

필자가 협상 강의를 하던 중에 어느 교육 참가자가 "협상조건을 먼저 제시하는 것이 좋습니까? 아니면 상대방이 먼저 하도록 유도하는 게 좋습니까?"라고 질문했다. 필자는 "목마른 사람이 먼저 하게 되어 있으니 그에 따르라"고 했다. 협상조건을 먼저 제시하고 안 하고는 협상의 상황과 전략에 따라 결정되는 일이다. 이 밖에도 다음과 같은 질문을 생각해볼 수 있다.

- 가격 협상은 언제 하는 것이 좋은가?
- 가격 제안을 먼저 하는 것이 유리한가?
- 가격 제안을 높게 하는 것이 유리한가?

가격 협상은 언제 하는 것이 좋은가? 필자의 경험과 협상 전문가의 의견에 비추어볼 때, 가격 협상은 가장 뒤로 미루어야 한다. 가능하면 가격은 미리 손을 대지 않는 것이 좋다. 가격 협상을 해야 한다면 다른 조건들의 협상 결과를 참고로 하면서 계약 체결을 전제로 최소의 양보로 타결지어야 한다.

협상에 임할 때 목표를 도전적으로 높게 잡아야 한다고 앞서 언급했다. 하지만 많은 이들이 눈앞의 성과에 집착하여 너무 쉽게 많은 부분을 양보하고 계약을 따내려고 한다. 필자가 강의하는 협상 전략 과정에서는 사례연구를 많이 하는 편인데, 사례연구를 통해 역할연기 role play 를 시켜보면 세일즈 담당을 맡은 이들은 처음부터 가격 조건을 제시하여 협상을 한다. 그러다 보면 가격은 가격대로 양보하게 되고 다른 비가격적인 조건까지 양보하게 되어 그야말로 실패한 협상 결과를 많이 보아왔다. 특히 세일즈 담당자는 가격 협상을 가장 뒤로 미루어놓고 비가격적인 조건들의 협상 결과를 참조하면서 가격 양보를 최소로 해야 한다.

다음 사례를 통해 가격 협상에 어떻게 대응해야 할지 검토해보자. 정수

기업은 27년 동안 자동차용 부품을 전문적으로 생산해온 유망 중소기업
이다. 최근에 자동차용 유압장치를 개발했는데 이 제품을 국내 자동차 업
체에 공급할 계획으로 몇 군데 제안서를 넣는 중이다. 마침 H사에서 관심
을 보이며 정수기업의 박 사장에게 만나자고 했다. H사에서 자동차 부품
개발과 아웃소싱을 담당하고 있는 김 상무는 정수기업의 박 사장을 회사
로 불러 현장에서 함께 생산라인을 돌면서 "박 사장님, 그동안 저희 회사
에 우수한 품질의 자동차 부품을 적시적기에 잘 납품해주셔서 감사합니
다. 이번에 귀사에서 개발한 자동차용 유압장치가 업계에서 인기가 있다
는 얘기를 들었습니다. 그 부품을 가장 저렴한 가격으로 납품해주실 수
있겠습니까?"라고 제안했다.

당신이 만약 이러한 제안을 받는다면 어떻게 하겠는가? 싼값으로 부품
을 조달하는 것을 능사로 알고 있는 국내 대기업들의 요구에 그대로 응할
것인가, 아니면 시간이 좀 더 걸리더라도 좀 더 멀리 내다보고 목표를 높
이 설정하여 제품의 품질과 성능을 강조하면서 제값을 받아낼 것인가? 가
격 제안을 먼저 하는 것이 유리한가, 아니면 기다렸다가 제시된 가격을
되받아치는 것이 유리한가? 이에 대한 전략은 처한 상황, 즉 보유한 정보
력에 따라 달라진다. 상황에 따라 선택할 수 있는 전략에는 다음과 같이
두 가지가 있다.

① 이런 경우에는 먼저 제시하지 마라 Never first open. 협상 상대방의 협상 목
　표를 확실히 알지 못하면 섣불리 가격을 제시하지 말아야 한다. 협상 상대

가 먼저 가격을 제안하도록 유도하고, 그에 맞춰 적절한 가격으로 다시 제안해야 한다. 본 협상 단계에 이르면 쌍방은 서로 부담을 떠안지 않으려고 상대방이 먼저 가격을 제시하도록 유도하는 경향이 짙다. 이는 상대방을 두려워하기 때문이다. 상대방이 협상 전반에 관련하여 어떤 정보를 가지고 있는지 모르는 상태에서 섣불리 가격을 먼저 제시하면, 그것이 곧 약점이 될 수 있다. 구매자의 경우 세일즈 담당이 먼저 제시한 가격이 목표로 하는 가격보다 높다면 다시 협상을 하겠지만, 제시한 가격이 목표로 한 가격보다 낮으면 큰 선심을 쓰듯 받아들이거나 오히려 가격을 더 낮추려고 들 것이다. 이렇게 가격을 먼저 제시하는 것은 상대방의 목표를 훤히 내다보고 있지 않는 한 위험한 행동이다.

② 이런 경우에는 협상기준 선점효과 anchoring effect 를 노려라. 세일즈 담당의 입장에서 볼 때, 협상 상대방인 구매자보다 정보력이 좋아 상대방의 모든 것을 꿰뚫어보고 있다면, 상대방이 생각하는 목표보다 가격을 높게 제시하여 그것을 기준으로 협상을 진행하는 것이 유리하다. 이 효과를 믿는 사람들은 먼저 가격 제안을 하는 것이 유리하다고 주장한다. 이는 사람의 심리를 이용한 전략으로서, 사람은 상대방이 먼저 제안한 것에 구속되는 경향이 있어 이를 기준으로 받아들이기 쉽다는 것이다. 즉 자신도 모르게 상대방이 제안한 가격 수준에서 협상을 시작하려 한다는 것이다. 따라서 상대방의 의중을 사전에 파악하고 그에 맞는 적절한 가격을 먼저 제시하면 협상기준 선점효과 때문에 먼저 제시한 쪽에 유리한 가격으로 결정될 수 있다는 것이

다. 이와 같이 협상 상대보다 신빙성 있는 확실한 정보를 활용한다면 협상 초기 전략에서 유리한 고지를 점령할 수 있을 것이다.

다른 사례를 통해 협상기준 선점효과가 어떤 것인지 검토해보자. 강사인 전태우 씨는 3년 전에 구매한 노트북이 최근 들어 속도도 느려진 데다 소음까지 심해져 새 노트북을 사려고 전자상가의 노트북 취급점을 몇 군데 방문했다. 강의용으로만 사용할 것이므로 기능이 많은 것보다 단순한 것이 좋을 것 같아 중저가 노트북을 고르고 있었다. 그러던 중 S사 제품이 적당할 것 같아 가격을 물어보았더니 A대리점에서는 100만 원을 불렀다. 너무 비싼 것 같아 B대리점에 갔더니 90만 원을 불렀다. 전태우 씨는 자신이 사고 싶은 최종 목표 가격을 80만 원으로 정했다. S사에서 정한 대

협상기준 선점효과anchoring effect

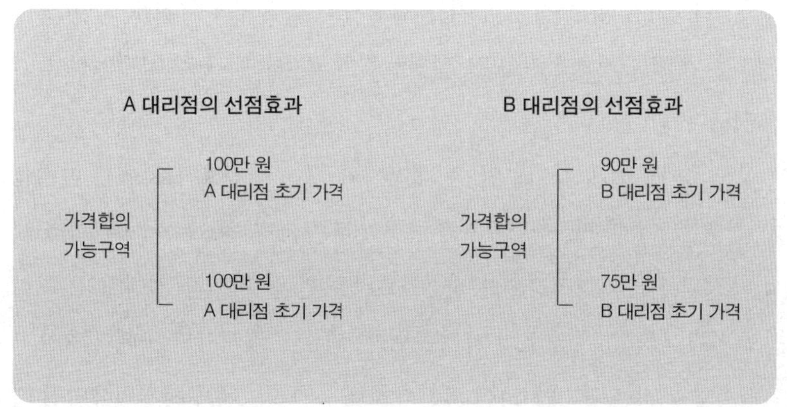

리점의 최종 목표 판매가격은 85만 원이다. 당연히 전태우 씨나 대리점은 서로의 최종 목표 가격을 모르는 상태다.

전태우 씨가 전자상가에 와서 A 대리점과 B 대리점에 각각 판매가격을 물어본 결과 얻게 된 협상기준 선점효과를 살펴보면 아래와 같다.

A 대리점은 초기 가격을 100만 원으로 상대적으로 높게 불렀다. 구매자인 전태우 씨는 A 대리점의 최종 목표 가격이 100만 원보다는 낮을 것이라 생각해 자신의 최종 목표 가격인 80만 원보다 낮은 75만 원에 팔라고 요구했다. 이때 협상 가능 구역은 협상기준 선점효과에 따라 100만 원과 75만 원 사이에서 형성되고 가격은 서로 밀고 당기다가 그 사이에서 결정될 것이다.

B 대리점은 초기 가격을 90만 원으로 A 대리점보다 낮게 불렀다. 구매자인 전태우 씨는 B 대리점의 최종 목표 가격이 90만 원보다는 낮을 것으로 생각해 자신의 최종 목표 가격인 80만 원보다 낮은 75만 원에 팔라고 요구했다. 이때 협상 가능 구역은 협상기준 선점효과에 의해 90만 원과 75만 원 사이에서 형성되고 가격은 서로 밀고 당기다가 그 사이에서 결정될 것이다.

이를 좀 더 쉽게 풀어보면, A 대리점의 경우 선점효과로 초기 가격을 100만 원으로 제시했고 구매자의 요구가격은 75만 원으로서 중간 정도에서 타결된다면 A 대리점은 87만 5,000원을 받을 수 있을 것이며, B 대리점의 경우 선점효과로 초기 가격을 90만 원으로 제시하고 구매자는 요구가격으로 75만 원을 제시하여 마찬가지로 중간정도에서 타결된다면 B 대

	Highball	Lowball
판매자	높은 가격 제시 ⬆	낮은 가격 제시 ⬇
구매자	낮은 가격 제시 ⬇	높은 가격 제시 ⬆

리점은 82만 5,000원을 받을 수 있을 것이다. 여기서 A 대리점과 B 대리점의 선점효과에 의한 차이는 5만 원인 것이다. 따라서 상대방의 의중을 알고 선점효과를 활용하면 그만큼 이득이 돌아오게 된다는 것이다.

그러면 가격 제안을 높게 하는 것이 유리할 것인가? 앞에서 언급한 바와 같이 협상 목표를 도전적으로 높게 정할수록 좋은 협상 성과를 얻을 수 있다. 또한 협상기준 선점효과의 예에서 나타난 것과 같이 역시 가격 제안을 도전적으로 해야만 얻는 결과도 만족스럽다는 것이 분명해졌다.

그러면 판매자(세일즈 담당)와 구매자의 입장에서 보았을 때 Highball(높은 가격 제시)와 Lowball(낮은 가격 제시)란 어떤 것인가? 우선 판매자의 입장에서 보았을 때 Highball로 나가는 것은 높은 가격을 제시하는 것이며 Lowball로 나가는 것은 낮은 가격을 제시하는 것을 의미한다. 그러면 구매자의 입장에서는 반대로 Highball로 나가는 것은 낮은 가격을 제시하는 것이며 Lowball로 나가는 것은 높은 가격을 제시하는 것이 된다.

우리가 협상 상대보다 정보력이 좋아 상대방의 모든 것을 꿰뚫어보고 협상기준 선점효과를 노린다면, 판매자의 경우는 좋은 가격을 받기 위해 공격적으로 Highball로 높은 가격을 제시하는 것이 유리할 것이고, 구매자의 경우는 낮은 가격으로 구매하기 위해 역시 공격적으로 Highball로 낮은 가격을 제시하는 것이 가격 협상에서 좋은 결과를 얻을 수 있다는 의미가 된다.

또한 협상 상대방과의 관계가 어떠냐에 따라 가격 제시 전략이 달라질 것이다. 판매자의 입장에서 구매자와 관계중시 상황 또는 상호협조 상황에 있다면 Lowball로 하여 다소 낮은 가격 또는 적정한 가격을 제시해야 할 것이다. 상대방과 오랜 거래를 통해 신뢰가 형성되어 유대관계가 좋거나 당장의 협상에서는 큰 이익을 기대할 수 없어도 향후 많은 거래가 예상되어 장기적인 이익을 기대하는 경우, 관계중시 상황이나 상호협조 상황에서 섣불리 Highball로 가격을 제시하면 문제가 생길 수도 있다. 이렇게 되면 협상 중에 상대방이 관계중시 상황을 거래중시 상황으로 전환하여 상호이익 협상 전략에서 성과중심 협상 전략으로 바꿀 수도 있기 때문이다.

다음 사례를 통해 가격제시 전략에 대해 검토해보기로 한다. 한 손님이 넥타이를 사러 넥타이 전문점에 들렀다. 대충 살펴보니 마음에 드는 넥타이가 있는데 가격표를 보니 7만 원이었다. 가게 주인의 반응도 살필 겸 "넥타이 가격이 너무 비싼 것 같다"고 말을 건넸다. 그랬더니 가게 주인은 구매한다면 가격 할인을 고려해보겠다는 반응이었다. 협상을 잘하면 생각보다 저렴하게 살 수 있을 것 같았다. 손님은 아무리 비싸도 5만 원 이상을 주고 살 마음은 없다. 그러나 가격을 5만 원 이하로 낮추면 가게 주인은 이윤을 남기기 어려울 것 같다는 생각도 들었다. 그럼에도 손님은 5만 원 이하로 해달라고 요구했다.

가게 주인은 넥타이 공급자로부터 4만 원에 구입했으나 부대비용과 적정 이윤을 포함해 6만 원은 받아야 된다고 생각하고 있다. 물론 더 많이 받으면 좋겠지만, 아무래도 그 이상을 받아내는 것은 무리라고 생각하고 있다. 이렇게 넥타이 하나를 구입하는 상황에서도 넥타이를 사려는 손님과 가게 주인은 서로 얼마를 이야기해야 자신에게 유리한 상황이 될지를 고민할 수 밖에 없다.

본 협상 전략:
쟁점 발견과 대안의 제시

협상 중에 쌍방이 서로 조건을 제시하면 그중에서 바로 합의가 가능한 조건도 있을 것이고, 상호 논쟁과 조정을 거친 후 합의되는 조건도 있을 것이다.

양측의 쟁점사항을 정리하여 상호 양보를 통해 합의점을 찾아나가야 한다. 협상 상대가 어떤 조건을 제시했을 때 그 조건을 그대로 받아들이기 어려우면 협상의 진전을 위해 상대방에게 좀 더 발전적인 제안을 해야 하는데, 이러한 발전적인 제안을 바로 대안이라고 한다. 대안은 협상자

간에 상호 양보의 교환거리가 되며 양측이 당면한 과제를 보완해주거나 해결해주기도 한다. 대안은 협상자 어느 한쪽에 일방적으로 유리하거나 손해를 끼치는 것이 아니라 양측 모두에게 득이 되는 것이어야 한다. 만약 제시한 대안이 어느 한쪽에 일방적으로 유리한 상황이라면 다른 한쪽은 반대로 일방적으로 불리한 상황을 맞게 되므로 그 대안을 받아들이지 않을 것이다.

협상 대안은 협상의 쟁점을 풀기 위한 열쇠와 같은 역할을 해야 하므로 양측 모두에게 혜택이 돌아가야 진정한 협상 대안이 될 수 있다. 협상자 상호 간에 협력적인 협상 대안을 많이 가지면 가질수록 협상이 원활하게 진행될 것이며, 서로 만족스러운 성과를 얻을 수 있게 될 것이다. 그러나 한쪽은 협상 대안을 많이 가지고 있으나 다른 한쪽은 협상 대안을 거의 가지고 있지 않다면 누가 유리하겠는가? 당연히 협상 대안을 많이 가진 쪽이 유리할 것이며, 그들이 원하는 방향으로 협상이 진행될 것이다. 따라서 대안은 협상력을 강화시켜준다. 협상 전이나 협상 중에 상호 양보를 교환하기 위한 대안으로는 다음과 같은 것을 들 수 있다.

▍협상 대안 사례

- **계약물량**: 구매 물량에 따라 제시하는 가격이 달라질 수 있으므로, 이는 협상의 큰 변수이면서 다양한 형태로 제시할 수 있는 대안이다. 대체적으로 계약 물량이 많을수록 가격인하 효과를 가져다준다.
- **계약기간**: 구매 계약이 단기인지 장기인지에 따라 결정되는 가격이 달라지므

로, 이는 협상의 큰 변수이면서 다양한 형태로 제시할 수 있는 대안이다. 보편적으로 장기 물량일수록 가격인하 효과를 주지만 물가인상과 환율 변동에 영향을 받으므로 이에 대한 연동조건을 설정한다.

- **납기**: 정상적인 납기냐, 돌발적으로 발생된 특별 납품이냐에 따라 가격에 영향을 주므로 인건비나 경비 측면에서 대안이 필요하다.

- **결제조건**: 가격에 직접적인 영향을 많이 주는 협상의 변수이며 결제 기간, 결제 통화, 결제 방법(현금, 카드, 어음, T/T, Usance 등)에서 대안 제시가 가능하다.

- **포장방법**: 간접비용에 속하는 변수의 하나로 포장 종류와 방법을 대안으로 제시하여 협상할 수 있다.

- **품질조건**: 간접비용에 속하는 변수로서 생산 비용에 영향을 미치므로 충족시켜야 할 품질 수준과 검사 조건을 대안으로 제시하여 협상할 수 있다.

- **기술 이전**: 간접비용에 속하는 변수로서 장래의 기술 확보 계획과 연결지어 이전할 기술의 종류, 이전 방법과 시기, 이전 범위, 기술료 지불 등에 대한 대안 제시가 가능하다.

- **교육훈련**: 간접비용에 속하는 변수로서 판매하는 제품의 운영 및 유지·보수 작업을 위해 운영요원과 정비공들이 받는 교육훈련의 시기, 기간, 장소 비용 등에 대해 대안 제시가 가능하다.

- **운송조건**: 가격에 직접적인 영향을 주는 변수로서 제품을 구매하는 측에서 운송 수단을 투입하는지 여부와 투입하는 정도, 하역 장소에 따라 대안을 달리할 수 있다.

- **부품 및 장비의 바이백**: 장비나 설비 구매 시 갖추게 되는 유지 · 보수용 부품이나 해당 장비를 다시 살 때, 바이백이 가능한 기간과 인정해줄 수 있는 가치, 부수적으로 따라가는 부품에 대한 바이백 인정 여부를 대안으로 제시할 수 있다.

- **금융 지원**: 구매자가 지불 능력상 문제가 될 경우, 연불조건이나 결제대금 융자 알선 등 금융서비스를 대안으로 제시할 수 있다

- **마케팅 지원**: 간접비용에 속하는 변수로서 구매한 장비나 설비를 사용해 사업하는 경우 판매자 측에서 그 사업을 도와주기 위해 마케팅 지원을 해주거나 고객을 소개시켜주는 것을 대안으로 제시할 수 있다.

- **공급원** supply source : 단일 공급원일 경우, 이를 악용하여 공급자 측이 원하는 방향으로 주도하여 협상을 어렵게 할 수 있으므로 예비 공급원을 미리 준비해두는 것이 큰 대안이 될 수 있다.

- **판매 대리점**: 한 지역이나 한 국가에 판매 대리점의 독점권을 주면 끌려 다닐 확률이 높으므로 사전에 예비 대리점을 물색해두는 대안이 필요하다.

이 중 가격에 대해서는 가능한 한 협상순위를 가장 뒤로 미뤄두는 것이 현명하다. 다른 협상 대상에 대하여 충분히 논의가 이루어져 가격에 대한 협상은 하지 않는 것이 최선이라고 생각한다.

이 외에도 협상을 위한 대안으로 개발할 것은 무수히 많다. 어떤 방법으로 얼마나 열정을 가지고 준비하느냐에 달려 있다. 혼자서 하는 것보다 두 사람이 하는 것이 낫고, 두 사람이 하는 것보다 더 많은 사람이 참여할

협상 대안 개발 work sheet

협상 안건	우리 측 대안		상대 측 전략	
	최선책	차선책	제시안	차기 예상안
계약물량				
계약기간				
납기				
결제조건				
포장방법				
품질조건				
기술 이전				
운송조건				
교육훈련				
부품 바이백				
내륙운송비				
마케팅 지원				
금융 지원				
기술 사양				
기타				

때 훨씬 많은 대안을 개발할 수 있다는 것을 강조하고 싶다. 필자가 강의했던 협상 전략 교육 참가자에게 각자 나름의 대안을 적어보라고 했더니 대부분이 '대안이 잘 떠오르지 않는다', '어려워서 못 하겠다'고 아우성이었다. 하지만 교육 참가자 20명 전원을 대상으로 브레인스토밍 brainstorming 을 했더니 무려 50가지 이상의 대안을 개발해낼 수 있었다. 협상 대안은 우리 측에서는 가능한 한 비용을 적게 쓰면서, 협상 상대방에게 더 큰 이익을 줄 수 있는 것일수록 협상의 만족도가 높아질 것이다.

위의 표는 협상 대안을 개발할 때 활용할 수 있는 양식이다. 협상 대안 항목별로 소요되는 비용 부담의 높고 낮음, 협상 상대가 얻게 되는 가치의 높고 낮음을 잘 분석하여 준비해야 양측 모두에 득이 된다는 것을 명심해야 한다.

본 협상 전략: 양보의 교환과 조정

쌍방이 상호 초기 조건을 제시한 뒤 자신들이 제시한 조건을 상대방이 받아들이도록 설득하다가 조금씩 양보하며 합의에 도달해가는 단계로 볼 수 있다. 여러 가지 쟁점 사항을 묶어 패키지딜package deal 할 수도 있지만, 제품을 사고파는 매매협상에서는 매매에 관련된 계약물량, 납기, 결제조건, 포장 등 여러 사항에 대해 세부적인 합의에 도달해야 하기 때문에 각각의 의제를 목표대로 달성하기 위하여 서로 밀고 당기는 과정이 필요하다. 따라서 협상 상대방의 목표에 비추어 앞서 개발한 대안을 종합하여 실제로 양보의 교환을 어떻게 할 것인지 전략을 수립한 후 서로 양보를 교환해나가야 한다. '우리 측에서 반드시 상대방의 양보를 얻어내야 할 것', '우리가 양보해서는 안 될 것', '상호 교환에 의해 양보해도 될 것' 등으로 분류하여 관리하면 협상진행에 효율적이다.

다음 표는 협상 안건의 개별 항목에 대한 협상 상대의 전략에 비추어 우리의 전략을 초기 · 중기 · 최종 단계로 나누어 수립하는 예를 보여준다.

양보교환 전략수립 1

진행단계 협상 안건	상대방에게서 얻어내야 할 것	양보교환으로 얻어낼 것	양보해서는 안 될 것	상대방에게 양보 가능한 것	상대방 전략
계약물량					
계약기간					
납기					
결제조건					
포장방법					
품질조건					
기술 이전					
교육훈련					
운송조건					
내륙운송비					
바이백					
금융 지원					
마케팅 지원					
가격					
기타					

이것은 거래하는 제품, 협상의 안건과 전략에 따라 달라질 수 있다.

상대방과의 밀고 당기기에서 쉽사리 양보해서는 안 되며 부득이 양보를 해야 할 경우에는 가능한 한 적은 비용이 들지만 상대에게는 큰 가치가 있는 것을 양보하는 것이 좋다. 그리고 양보를 할 때는 "이번 양보가 우리에게 큰 부담이 되지만 쌍방 간의 관계를 고려하여 당신들에게 혜택 주기 위한 것"이라고 양보의 정당한 이유를 밝힘으로써 상대가 혜택을 받았다고 느끼게 한다. 만약 합당한 이유를 설명하지 않는다면, 상대방은 우리가 양보할 것을 생각하여 미리 조건을 높게 제시한 것으로 오해하고,

양보교환 전략수립 2

진행단계 협상 안건	초기 전략	중기 전략	최종 전략	상대방 전략
계약물량				
계약기간				
납기				
결제조건				
포장방법				
품질조건				
기술 이전				
교육훈련				
운송조건				
내륙운송비				
바이백				
금융 지원				
마케팅 지원				
가격				
기타				

마땅히 받아야 할 양보를 받는 것으로 생각하여 조금도 고마움을 느끼지 않게 된다. 상대방에게 양보를 요구할 경우에도 상대가 부담을 느끼거나 체면이 손상되지 않도록 정당화시켜주고 양보받은 내용에 대해 감사의 표시를 보내야 한다. '양보를 해야 한다면 천천히 하고 상대방이 부담을 느끼게 하며, 일방적으로 양보하지 말고 양보를 서로 교환한다'는 계명을 항상 가슴속 깊이 새기면서 협상을 진행해야 한다.

양보를 할 때는 몇 단계로 나누고 양보의 폭을 조절함으로써 우리의 부담은 줄이면서 상대방은 크게 부담을 느끼게 해야 한다. 만약 상대방이 가격인하를 끈질기게 요구하는데 상대에게 가격을 인하해줄 수 있는 여

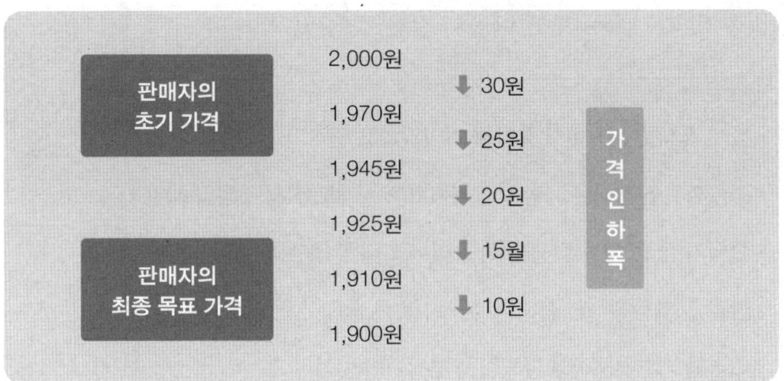

유가 100원이라면, 한 번에 100원을 다 낮추지 말고 단계를 나누어 처음에 30원 정도를 인하해주면서 이 정도도 우리에게 큰 부담이 있음을 알린 뒤 반응에 따라 다음에는 25원, 20원, 15원, 10원 순서로 가격을 내리는 것이 현명하다. 이는 상대방이 반복적으로 요구하게 함으로써 심적인 부담을 느끼게 하는 효과와 가격인하에 따라 우리의 부담이 가중된다는 것을 확실히 보여주는 효과가 있다.

협상 진행 중에 협상자 사이에는 각각 자기가 세운 목표를 관철시키기 위해 자신에게 유리한 방향으로 협상이 진행되도록 서로 밀고 당기는 상황이 계속되기 때문에 긴장과 대립이 연속되는 분위기가 형성된다. 이와 같이 긴장과 대립이 연속되다 보면 상호 협조적인 분위기보다는 경쟁적인 분위기가 조성되어 조금도 진전이 보이지 않는 교착상태에 빠지거나 때로는 결렬 위기로까지 치달을 수 있다. 협상 중에 닥칠 수 있는 살얼음 같은 분위기를 완화시키고 교착상태나 막다른 골목에서 빠져나오기 위한 방법을 몇 가지 들어보면 다음과 같은 것이 있다.

- 잠시 휴식을 취하면서 흥분을 가라앉히고 냉각기를 가진다.
- 지금까지 진행해온 사항을 요약해보고 이해도를 서로 점검해본다.
- 합의가 잘 안 되는 의제를 뒤로 미루고 다른 의제를 먼저 논의한다.
- 상호 간에 원칙적인 합의를 추구하여 큰 틀에서 합의를 이끌어낸다.
- 배경음악을 활용하여 부드러운 분위기를 형성한다.
- 대안을 창출하여 토론 방향을 전환한다.
- 가정적인 질문을 던져 의중을 떠본다.
- 쌍방의 차이점을 도표화하여 인지하도록 함으로써 합의점을 찾는다.
- 철수 전략 등 전략적인 통보에 의해 우리의 의중을 상대방에게 밝힌다.
- 상호 합의가 어려운 의제에 대해 타협안을 주고받음으로써 교착 상태를 반전시킨다.
- 현재까지의 우호관계를 활용하여 협조적인 상황으로 유도한다.
- 장소 변경 등으로 지금까지의 긴장과 대립 분위기를 반전시켜본다.

협상 마무리 전략:
야금야금 갉아먹기 전략

본 협상에서 가격 협상까지 성공적으로 마무리되면 핵심 의제는 거의 다 합의가 된 셈이다.

그러나 시작 5분도 중요하지만 마지막 5분도 중요하다. 스포츠 경기에서도 다 이겼다고 방심하는 사이에 예상치 못한 공격을 받아 오히려 역전패하는 경우가 많다. 마찬가지로 협상에서도 지금까지 잘해왔고 상대방에게서 많은 것을 얻어내어 나름대로 승리를 거두었다고 긴장을 풀고 있는 와중에 마지막 단계에서 상대방이 예기치 못한 추가적인 요구를 하는 경우가 있는데, 이를 가볍게 받아들여 수용하는 경우가 많다. 나중에 성과를 분석해보면 끝마무리 과정에서 가볍게 양보한 것이 엄청난 부담으로 돌아와 결국은 역전패하는 원인이 될 수도 있다. 본 협상에서 잘하는 것도 중요하지만 마무리를 잘하는 것도 중요하다는 점을 반드시 명심해야 한다. 바둑에서 끝내기를 잘해야 이길 수 있다는 것을 협상에서도 생각해야 한다.

협상을 마무리하는 시점에서 주로 나오는 주요한 전략 중에 야금야금 갉아먹기Nibbling 전략이 있다. 이는 협상의 마무리 단계에서 조그만 양보를 받아내는 전략이다. 협상 마지막 단계에서 긴장을 풀고 있을 때 상대방이 예상하지 못한 사소한 추가적인 요구를 하면 이를 가볍게 받아들여 수용하는 경우가 많다. 대부분의 협상자들은 지금까지 어려운 과정을 통하여 얻은 협상 성과와 관계 형성에 악영향을 미치는 것을 바라지 않기 때문에, 상대방이 야금야금 갉아먹기 전술로 나오면 이를 받아들이는 경향이 있다. 통계에 따르면 마지막 순간을 잘 이용하면 1~3퍼센트의 덤을 얻어낼 수 있다고 한다.

이에 대응하기 위한 방법으로 상호양보 원칙Reciprocal Concession 을 들 수 있다. 한 번 들어주면 상습적으로 요구할 가능성이 있으므로 갉아먹기 전략에 휘말려서는 안 되며, 양보해준 만큼 상대에게도 그에 해당하는 다른 것을 요구하여 얻어내야 한다. 한·미 FTA 협상 막바지에서 미국 측이 단서 조항을 달 것을 요구해오자 한국 협상단이 "더는 양보 못하겠다"며 서류를 접었다고 한다. 이러한 강력하고도 확고한 의지를 보이자 미국 측은 한 발 물러서서 자신들의 주장을 철회한 것이다. 양국의 고위층 관리들이 참석하여 벌이는 외교 석상이지만 늘 깍듯하게 예의를 갖추고 협상에 임하는 것이 아니다. 때로는 자리를 박차고 일어나거나 주먹으로 책상을 꽝 치면서 확고한 의지를 보여주기도 한다. 상대방이 부당하게 나오거나 무리한 요구를 할 때는 이러한 행동도 필요하다.

다음 사례를 통해 갉아먹기 전략에 대해 검토해보자. 김 부장은 건설 중장비 회사의 구매담당 책임자다. 시가 3억 원 정도되는 굴착기를 구매하기 위해 협상을 하는 과정에서 여러 가지 전술을 구사하여 2억 8,000만 원까지 가격을 내리는 데 성공했다. 굴착기 영업부장은 판매를 마무리 짓기 위해 계약서를 작성하기 시작했는데 이때 김 부장이 급히 계약서 작성을 중단시켰다. 김 부장이 말했다. "아주 만족해요. 이제 이사회에 상정하여 승인을 받아야 합니다. 내일 11시에 최종 승인을 합니다. 최종 승인을 받으면 그때 계약을 합시다." 그다음 날 김 부장은 굴착기 영업부장에게 전화를 걸어 다음과 같이 말했다. "이사회에서 생각보다 까다롭게 나오는군요. 충분히 설득할 수 있다고 생각했는데 솔직히 잘 안 되었습니다. 500만 원을 더 깎지 않으면 승인할 수 없다고 하는군요. 미안하지만 500

만 원을 더 빼주셔야겠습니다." 이런 상황에서 김 부장은 어떻게 대처해야 할까?

비슷한 사례를 하나 더 들어보자. 박 이사는 대형 병원의 구매담당 책임자다. 시가 11억 정도 되는 MRI 장비를 구매하기 위해 협상하고 있는 중에 예산 핑계 등 여러 가지 전술을 구사해 10억 원까지 가격을 낮추어 협상을 마무리 지었다. 의료장비 영업부장은 협상의 결과에 따라 매매계약서를 작성하기 시작했는데 이때 박 이사가 급히 계약서 작성은 나중에 하자고 하면서 협상을 중단시켰다. 박 이사가 말하기를 "지금까지의 협상 결과에 만족합니다. 이제 경영진 회의에 상정하여 승인을 받아야 합니다. 다음주 월요일에 최종 승인이 날 것 같습니다. 최종 승인을 받으면 그때 계약을 합시다"라고 했다. 그다음 주 박 이사는 의료장비 영업부장에게 전화를 걸어 "3개 공급사의 견적을 경영진 회의에 상정했는데 아직 최종 승인이 나지 않았습니다. 충분히 설득할 수 있다고 생각했는데 솔직히 잘 안 되었습니다. 3,000만 원을 더 깎지 않으면 승인할 수 없다고 하는군요. 최종 승인을 위해 3,000만 원을 더 빼주셔야 합니다"라고 요구했다. 이런 식으로 협상이 다 끝나가는 상황에서 조금씩 상대방에게 얻어내 결국에는 큰 성과를 이루는 것이 야금야금 갉아먹기 전략이다.

협상 마무리 전략:
반반 양보 전략

협상의 마무리 단계까지 와서도 타결되지 않은 사안이 있을 때 "더는 상호 양보가 어려우니 서로 반반씩 양보하여 타결합시다"라고 제안하는 전략이다. 이를 타협compromise 협상 전략이라고도 하며, 이 전략은 누가 더 많이 얻고 적게 얻고를 시시비비할 필요가 없어 흔히 공평하다고 여겨져 실제적으로 많이 사용되고는 있다. 하지만 타협 전략을 사용하면 협상 결과는 쌍방이 선호하는 협상 성과의 사이에서 나오기 때문에 결국 나누어 먹기 식으로 끝나게 된다. 결국 타협 전략을 사용하면 제로섬 게임이 되어 협상력에서 불리한 쪽은 이익을 볼지는 몰라도, 유리한 쪽은 오히려 자신의 몫을 찾아오지 못함으로써 손실을 보게 될 것이다. 쌍방이 만족할 수 있는 제3의 대안을 찾아서 해결하기보다는 좁은 시야에서 상호 양보와 희생을 통하여 부분적인 만족만을 취하기 때문이다. 즉, 상대방보다 협상 성과를 높일 수 있는 유리한 요소들을 비교적 많이 가진 일방이 이를 적극적으로 활용하지 않고 현실에 안주하여 양보와 희생을 감수하면서 합의를 했기 때문에 오히려 유리한 입장에 있던 이들이 손해를 보는 결과를 낳는 것이다. 타협 전략이 비즈니스 협상에서 실제로 적용할 만한 가치가 있는지 다시 고려해봐야 한다. 다음 사례에서 보듯 주의해야 할 필요가 있다.

어떤 사람이 중고차를 한 대 사려고 한다. 중고차 판매상이 생각한 최종 목표 가격은 230만 원인데 그보다 훨씬 높게 Highball로 300만 원을 제안했다. 구매자는 최종 목표 가격이 220만 원인데 판매자가 300만 원을 제시하니 판매자의 최종 목표 가격은 이보다 낮을 것으로 생각해 그보다 조금 낮은 Lowball로 250만 원을 제안했다. 이렇게 구매자 측에서 Lowball로 높은 가격을 제안했을 때 판매자가 '반반씩 양보하자'는 전략을 구사하여 300만 원과 250만 원의 중간인 275만 원으로 가격을 결정하면, 구매자가 생각한 최종 목표 가격과 많은 차이가 나게 되어 불리한 가격 결정이 되어버린다. 구매자는 '반반씩 양보하자'는 제안에 대비하여 애초부터 낮은 가격인 Highball로 220만 원 이하로 제안했어야 한다.

협상 마무리 전략:
철수 전략

협상 중에 어떤 의제에 대해 더는 물러설 여유가 없다고 생각할 때나 협상 마지막 단계에 이르기까지 전반적으로 협상에 진전이 없고 원만한 합의에 도달하지 못해 진퇴양난 dead lock 상황에 놓였다고 판단될 때 협상자가 선택할 수 있는 방법이 최후 담판 전략 중 하나인 철수 전략이다. 이는 '이것이 우리의 협상 마지막 양보 선이니 이를 받아들이든지, 아니면 협상을 포기하라 Take it or leave'는 강경한 전략이다.

철수 전략은 다음과 같은 2가지 결과를 가져올 수 있다.

- 우리 측 협상력이 상대방보다 크면, 상대방은 우리 측이 제시한 마지막 카드를 받아들일 것이다.

- 우리 측 협상력이 상대방보다 약하면, 상대방은 우리 측이 제시한 마지막 카
  드를 거부해 협상이 결렬될 가능성이 크다.

상대방이 철수 전략으로 나올 때의 대응책은 다음과 같다. 평소 진지하고 협조적인 성향의 협상가가 철수 전략을 구사한다면 그때는 상황의 심각성을 깨달아야 한다. 따라서 협상을 지속하고 싶다면 전략을 바꿔서라도 상대방이 협상 테이블로 돌아오게 해야 한다. 하지만 평소에 잔꾀와 술수를 많이 부리고 진지하지 못한 협상가가 철수 전략으로 나오면 일종의 술책으로 보아도 좋다. 따라서 동요하지 말고 협상 상황을 냉정하게 분석해 다음과 같이 대응한다.

- 우리 측 협상력이 상대보다 강하다면 때를 기다린다. 상대방이 자신의 전략
  이 통하지 않았다는 것을 깨닫고 협상 테이블로 돌아올 것이다.
- 우리 측 협상력이 상대방보다 약할 때는 상대방이 협상 테이블로 돌아오도록
  우리가 회유나 설득을 해야 한다.

다음 사례를 통해 철수 전략에 대해 좀 더 자세히 검토해보기로 한다. 필자가 S그룹에서 근무할 당시 헬기 부품 수주를 위해 독일 MBB사에 갔을 때의 일이다. S사는 헬기사업 발전을 위해 헬기 제작사들과 기술 제휴는 물론 부품 제조 물량을 확보할 필요가 있었고, 독일 MBB사는 헬기 생산 비용을 낮추기 위한 방법으로 개발도상국의 우수한 생산업체를 찾고

있던 중이었다. 두 기업은 서로 뜻이 맞아 비즈니스 협력에 관한 MOU(양해각서)를 체결하고 협력 사업을 빠르게 추진했다.

얼마 후 MBB사는 S사에 헬기 부품에 대한 견적을 의뢰했고, S사는 그에 따라 견적을 제시했다. 그 후 10여 일이 지나 MBB사로부터 협상을 위해 독일로 오라는 연락을 받았다. 팀장인 필자와 기술부 담당 과장이 협상단을 이루어 독일로 갔다. 도착 당일 공항으로 마중나온 MBB사의 구매담당 과장과 인사를 나눈 뒤 호텔로 직행했다. 시차 때문에 다소 피곤하기도 하고 다음 날 벌일 협상을 준비하기 위한 휴식시간이 필요했기 때문이다.

다음날 아침 협상을 위해 MBB사를 방문하여 구매담당 과장이 안내하는 협상 장소에 자리를 잡고 앉아 있으니 MBB 측의 협상단이 들어왔다. 그들은 구매담당 과장, 품질관리 과장, 계약담당 법률자문 lawer 으로 구성되었으며 각자 맡은 일을 성실히 해내는 유능한 사람들로 보였다. 각기 회사의 최근 상황과 비즈니스 진행 사항에 대해 간략하게 프레젠테이션을 실시한 후 협상으로 들어갔다. 본 협상에서 발주 수량, 납기, 기술 지원 시기, 원자재 공급원의 지원에 관한 논의는 대체로 순조롭게 진행되었으나, 예상과 달리 MBB사가 부품 수출 가격에 집착하면서 S사 협상단을 괴롭히기 시작했다.

양측 주장이 팽팽히 맞서 합의에 도달하지 못하고 시간만 계속 흐르고 있었다. MBB사는 한국의 인건비나 경비 등이 일본, 호주, 뉴질랜드, 브라질, 이탈리아 등과 비교해 매우 낮기 때문에 아주 저렴한 가격에 헬기 부품을 구매할 수 있을 것으로 기대했던 것 같다. MBB사도 잘 알고 있었지만, 항공기 부품 사업은 고도의 정밀 가공 기술과 엄격한 품질 관리가 무엇보다 중요하기 때문에 고정밀 가공기계 설비와 숙련된 가공 인력이 필요하며 원자재도 공인된 공급처에서만 구매할 수 있으므로 원가 관리 면에서 애로 사항이 상당히 많은 사업이다. 당시 한국의 인건비는 비교적 낮았을지 모르지만, 고정밀 가공기계설비의 감가상각비에 따른 제조경비 상승, 수입에 의존하는 고가의 특수 금속재료비 등을 반영하면 MBB사가 원하는 가격은 나올 수가 없었다.

S사에서 제시한 가격 수준은 총원가에 몇 퍼센트의 이윤을 더한 것이었는데, MBB사는 이것이 S사의 경쟁사가 제시한 가격보다 높으니 가격을 내려야 수주가 가능하다며 은근히 압박을 가했다. MBB사의 요구대로 가격을 낮추면 제조원가 수준에 그치게 되므로, S사의 입장에서도 그 정도 수준까지 양보할 수는 없었다. MBB사는 S사의 생산 기술과 품질 관리 능력을 알고 있어 S사와 거래를 하고 싶지만 가격이 문제라면서, 자신들이 원하는 수준으로 가격을 내리라고 반복적으로 압박을 가해왔다.

당시 필자는 의사결정권을 쥐고 있는 협상단장으로서, MBB사의 무리한 요구를 그대로 수용할 수 없다고 판단했다. 필자는 MBB사에 우리의 제안을 받아들일 것을 강력히 요구했다. 양사 사이에 비즈니스 협력을 한답시고 MOU도 체결했는데 서로 윈 - 윈 하는 거래가 되어야지, 한쪽만 이익을 보려고 하면 어떻게 비즈니스 협력이 성사될 수 있으며, MOU 체결은 왜 필요하겠느냐고 몇 차례 반복적으로 설명했다. 그러나 MBB 측도 완강하게 버티는 것이었다.

필자는 이래서는 결론이 안 나겠다는 판단하에 철수 전략을 구사하기로 결단을 내렸다. 상황을 잘 살핀 후 때에 맞춰 "귀사(MBB) 측에서는 더는 양보할 의향이 없고 우리(S사) 측만 모든 것을 양보하기를 주장한다면 협상을 계속 진행하는 것은 의미가 없다고 봅니다. 서로 조금씩 양보하여 협상을 타결할 것인지, 아니면 여기서 그만둘 것인지를 결정하시기 바랍니다"라는 최종 통보를 남기고 협상장을 나왔다. 그런데 일행인 기술 담당 과장이 그들과 나눌 이야기가 있는지 필자가 나올 때 따라 나오지 않아, 함께 가기 위해 필자 혼자 협상장 밖에서 한참 기다리고 있었다.

협상장을 나온 지 20분 정도가 지나자 협상장에 남아서 MBB 측과 이야기를 나누고 있던 우리 측 기술담당 과장이 나오더니, MBB 측에서 협상을 계속 진행하길 원한다고 전했다. 필자도 협상을 완전히 끝내려고 협상장을 나온 것은 아니기 때문에 못 이기는 척 다시 들어가 가격 협상을 계속했다.

쌍방의 주장이 몇 차례 오가다가 MBB 측이 총원가에서 5퍼센트를 낮추는 선에서 가격을 결정짓자고 제의했다. 우리 측에서도 그 정도면 아주 만족할 정도는 아니지만 제조원가보다는 높고 헬기사업을 위한 기술을 향상시키고 부품생산 확대 목표를 달성하기 위한 물량도 필요했기 때문에 MBB사의 제의를 받아들이기로 했다. 그리하여 비즈니스 협력이라는 큰 틀에서 가장 쟁점이 되는 가격에 대해 쌍방이 조금씩 양보하여 총원가보다 약간 낮은 수준에서 가격을 결정하고 부품 제조 · 공급 계약과 기술 지원 계약을 체결했다. S사의 철수 전략이 성공할 수 있었던 것은 MBB사에서도 S사를 필요로 했고, 전략의 활용 시기가 적절했기 때문이다.

협상 전략 수립을 위한 참고 양식

마지막으로 협상 전략을 수립할 때 참고가 되는 양식들을 소개한다.

협상에서 쓰이는 양식은 협상 안건(협상 목록), 협상 안건 분류, 정보 수집, 정보 교환, 협상 상대 분석, 협상과 관련하여 예상되는 변수, 상대방의 전략과 전술에 따른 대응 방안, 안건별 우리의 대책, 안건의 협상 순서로 구성된다.

협상 전략 수립을 위한 참고 양식

▌협상 안건(협상 목록)

1. 당면 안건(우선순위나 중요도에 따라 순서대로 나열한다)

    (1)

    (2)

    (3)

    (4)

    (5)

2. 예상되는 안건

    (1)

    (2)

    (3)

    (4)

    (5)

3. 협상이 불가능하거나 수용할 수 없는 안건

    (1)

    (2)

    (3)

    (4)

    (5)

▌협상 안건 분류

1. 일괄처리가 가능한 안건

    (1)

    (2)

    (3)

    (4)

    (5)

    (6)

    (7)

    (8)

2. 개별로 처리해야 할 안건

    (1)

    (2)

    (3)

    (4)

    (5)

    (6)

    (7)

    (8)

1. 협상 전에 입수해야 할 정보

   (1)

   (2)

   (3)

   (4)

   (5)

   (6)

   (7)

   (8)

2. 협상 중에 얻어야 할 정보

   (1)

   (2)

   (3)

   (4)

   (5)

   (6)

   (7)

   (8)

▮ 정보 교환

1. 협상 중에 제공해도 될 정보

    (1)

    (2)

2. 제공해서는 안 될 정보

    (1)

    (2)

3. 정보 교환 전술

    (1)

    (2)

▮ 협상 상대 분석

1. 지금까지의 관계(협상이나 거래 경험, 거래 규모, 우호 관계)

    (1) 경쟁사와의 관계
    (2) 우리와의 관계

2. 상대방이 가지고 있는 욕구 또는 문제는?

    (1) 상대방이 가지고 있는 업무적(이성적) 욕구 또는 문제는?
    (2) 상대방이 가지고 있는 개인적(감정적) 욕구 또는 문제는?

3. 상대방의 협상 목표는?

   (1) 가격조건

   (2) 결제조건

   (3) 납기조건

   (4) A/S조건

   (5) 교육훈련조건

   (6) 기타

4. 상대방의 협상 참가자들에 대한 분석(성향, 영향력, 업무 우선순위, 인지력 등)

5. 제3자(배후세력)의 존재(개입) 가능성 또는 영향력은?

▋ 협상과 관련하여 예상되는 변수는?

   (예상변수)   (대응책)

   (1) ______________________   ______________________

   (2) ______________________   ______________________

   (3) ______________________   ______________________

   (4) ______________________   ______________________

   (5) ______________________   ______________________

   (6) ______________________   ______________________

   (7) ______________________   ______________________

   (8) ______________________   ______________________

▌상대방의 전략과 전술에 따른 대응 방안

1. 예상되는 상대방의 전략과 전술은?

2. 상대측의 예상 전략과 전술에 대한 우리 측의 대응책은?

(상대방의 예상 전략과 전술)　　　　　　(대응책)

(1) ____________________________　　____________________________

(2) ____________________________　　____________________________

(3) ____________________________　　____________________________

(4) ____________________________　　____________________________

(5) ____________________________　　____________________________

(6) ____________________________　　____________________________

(7) ____________________________　　____________________________

(8) ____________________________　　____________________________

(9) ____________________________　　____________________________

(10) ___________________________　　____________________________

▌협상 안건별 우리의 대책은?

(협상 안건)   (초기 제시 조건)   (최종 목표)

(1) ______________   ______________   ______________

(2) ______________   ______________   ______________

(3) ______________   ______________   ______________

(4) ______________   ______________   ______________

(5) ______________   ______________   ______________

(6) ______________   ______________   ______________

(7) ______________   ______________   ______________

(8) ______________   ______________   ______________

(9) ______________   ______________   ______________

(10) ______________   ______________   ______________

▌안건의 협상 순서

(1)

(2)

(3)

(4)

(5)

(6)

(7)

(8)

(9)

(10)

이것만은 기억하자

- 협상 준비, 진행, 마무리를 위한 전체적인 일정을 수립했는가?

- 협상 전략 수립을 위한 상황 분석을 점검목록에 의거해 제대로 진행했는가?

- 협상 단계를 충분히 이해하여 상황을 설정했는가?

- 협상 단계별 대응 전략을 충분히 이해하고 전략을 수립했는가?

- 본 협상에 들어가기 전에 관계 형성과 신뢰 구축은 잘 되어 있는가?

- 상대방의 기선을 잡기 위한 전략은 수립되어 있는가?

- 상대방의 협상 목록은 빠짐없이 잘 파악해두었는가?

- 초기·중기·최종 제시 전략은 수립되어 있으며 초기 조건 제시는 어떻게 할 것인지 전략이 있는가?

- 협상 중에 쌍방의 쟁점이 무엇인지 확인하고 분류했는가?

- 활용할 만한 대안은 충분히 준비하고, 양보교환 전략을 수립하고 있는가?

- 협상 마무리하는 단계에서 상대방으로부터 양보를 받을 대상과 그를 위한 전략을 정했는가?

08

전술로 주도권을 잡고
협상을 마무리 한다

협상 성과를 높인다는 것은

협상의 결과가 설정한 목표에 가장 근접하게 이르게 한다는 뜻이며,

이는 전술의 활용과 대응 능력에 따라 달라질 수 있다는 점을 강조하고 싶다.

일반적으로 다양한 전술을 개발하고 활용하는 쪽이 유리한 입장에 서게 되고

상대방의 전술에 대응해야 하는 쪽이 불리한 상황에 놓일 수 있다.

따라서 상대방의 의도대로 끌려다니지 않기 위해서라도

전술의 활용은 필요하다.

친한 척 위장하여
유혹하는 전술

필자가 S사 영업부에서 건자재 대리점 관리를 담당하고 있을 때의 일이다. 당시에는 담당자에게 실무적 권한이 비교적 많이 주어졌는데, 필자 역시 대리점에 대한 담보 초과 출고량, 대금 회수기간 등을 결정하는 데 상당한 영향권을 가지고 있었다. 이 때문에 대리점 사장들은 관리 담당자에게서 좋은 조건을 얻어내려고 많은 노력을 기울이고는 했다.

평소에는 회사를 대표하는 대리점 관리 담당자와 대리점 사장들 사이에 보이지 않는 팽팽한 줄다리기가 계속되어 긴장이 감도는 것이 상례다. 그런데 연말이 가까워지면 대리점 사장들은 평소보다 더 친절하고 상냥하며 부드럽게 다가왔다. 매년 연말이 다가오면 다음 해의 대리점 정책을 결정하는 것이 관례였기 때문이다. 때로는 대리점 사장들이 자신보다 사회경험이 부족한 필자를 농담 반 진담 반으로 놀리고는 했다. "대리님, 평생 여기서 월급쟁이로 늙을 겁니까? 제가 보기에는 안타깝습니다. 세상을 좀 더 넓게 크게 보세요"라고 하면서 은근히 좋은 조건이 있는 것처럼 내비치는가 하면 "제가 인생을 더 살아봐서 알지만, 좋은 게 좋은 것입니다"라면서 무언가 암시하는 듯한 말을 던지기도 하고 필자를 걱정해주고 위로해주는 듯한 행동도 했다.

이렇게 상대방이 자신들에게 유리한 방향으로 협상을 이끌기 위해 평소와는 달리 친한 척 다가와 유혹하거나 경계심을 무너뜨리려는 술책이 바로 위장전술이다. 내 편이 된 것처럼 걱정해주고 듣기에 좋은 말로 유혹하여 그들의 의도대로 양보를 얻어내겠다는 전술이 실제 현장에서는 자주 쓰인다. 필자가 다니던 회사는 기강이 엄격하고 사원들은 정신무장이 잘 되어 있었다. 그래서였던지 어떠한 유혹의 말도 귀에 들어오지 않았으며, 그들의 전술에 휘말리지 않았다. 지금도 그때를 돌아보면 자부심을 느낀다. 예나 지금이나 비즈니스 세계에서는 이와 유사한 일이 흔히 일어나는데, 결국 이런 전술에 넘어가지 않기 위해서는 확고한 자기 목표와 투철한 정신 무장에 더해 협상에 대한 실전 경험이 필요하다.

일반적으로 판매자와 구매자의 사이는 업무상 이해관계가 많이 얽혀 있다. 판매자는 구매자의 관심을 사서 계약을 얻어내야 하므로, 온갖 호의를 베풀며 가까이 다가가 그들의 비위를 맞추려고 많은 노력을 기울인다. 그러나 대개 구매자는 자의적이든 타의적이든 겉으로는 거리감을 두려고 애쓰며, 그렇게 해야만 구매자로서의 권위가 선다고 여긴다. 때때로 중요한 협상을 앞둔 시점이나 협상 중에, 어느 쪽이든 유난히 부드럽고 친절하게 나오거나 평소에 보지 못하던 접근을 해오는 경우가 있는데, 이는 친한 척하거나 도와주는 척하면서 경계심을 누그러뜨려 더 많은 양보를 얻어내려는 협상 전술일 가능성이 크다. 심지어 큰 거래가 있을 때는 결정권을 가진 판매자 측 또는 구매자 측 협상 대표에게 은근히 좋은 자리를 제안하기도 하고 금전적인 보상을 제시하기도 하는데, 사회 경험이 많지 않은 사람은 이러한 유혹과 위장 전술에 넘어가 큰 잘못을 저지를 수 있으므로 유의해야 한다.

판매자는 협상 중이 아니라도 늘 구매자 측의 환심을 사기 위해 이러한 위장전술을 많이 사용하고 있으므로 여기에서는 주로 구매자 측의 활용에 대해 알아보기로 한다.

▎활용 방법

중요한 협상을 앞둔 시기나 협상 진행 중에 평상시에는 거리감을 두고 지내던 협상 상대방이 평소와 다르게 절친한 친구처럼 다가와서 의도적으로 자신의 내부 사정에 관한 특별한 정보를 주기도 하고 상대방 측의 입장도 이해하는 척하기도 한다. 때로는 스카우트 제의나 어떠한 형태의 보상 등을 은근히 내비칠 수도 있다. 이는 친한 척하거나 도와주는 척하여 상대방의 경계심을 누그러뜨리고 많은 양보를 얻어내기 위한 것이다.

이런 전술을 사용하면 우선 상대방에게서 심리적으로 호감을 얻게 되어 상대방의 경계심을 무너뜨리는 계기를 마련한다. 일단 상대방의 경계심을 무너뜨리면 협상과 관련하여 더욱 많은 정보를 수집할 수 있게 되고, 정보력을 바탕으로 많은 양보를 받아낼 수 있게 된다.

▎대응 방법

• 상대방의 의도를 이미 알고 있더라도 내색하지 말고 기분 좋게 평소처럼 대화를 나누면서 그 의도에 휘말리지 않도록 유의한다.

• 호의는 고맙지만, 업무와 직접적으로 관련 없는 일에는 관심이 없음을 분명히 밝혀 상대방으로 하여금 재차 같은 이야기가 나오지 않게 한다.

• 분위기를 반전시키기 위해 되도록 업무 중심으로 대화를 한다.

- 상대방이 업무 중심으로 화제를 돌리도록 유도해 협상에 집중하게 한다.

미끼를 던져
양보를 많이 하게 만드는 전술

항공기 엔진 부품사업의 확대를 꾀하던 S사는 미국, 유럽 등지의 항공기 엔진 제조사들과 공동개발을 통해 기술제휴는 물론 부품 제조 물량을 확보해가고 있었다. 그러던 중에 미국의 P사와 비즈니스 협력에 관한 MOU를 체결하게 되었다. 계약을 위한 공장 실사를 무사히 마치고, 얼마 뒤에 P사로부터 항공기 부품에 대한 견적을 요청받았다. 견적을 제시하고 일주일 정도 지나 S사는 P사로부터 협상을 하러 미국으로 오라는 연락을 받았다. 좋은 기회라는 판단과 함께 S사 협상단은 미국으로 건너갔다.

도착 당일 P사의 비즈니스 개발 담당 부장과 과장이 공항으로 마중을 나왔다. 명함을 교환하고, 저녁식사를 함께하면서 비즈니스 공동개발 프로젝트에 대해 대화를 나누었다. 특별히 관심을 끄는 정보는 P사가 여러 가지 다양한 항공기 엔진 개발사업을 계획하고 있다는 것이었다. 만약 S사가 P사의 프로젝트에 부품 공급을 할 수 있다면, S사의 항공기 엔진 부품사업이 한 번에 2~3배로 확대될 정도로 많은 물량이었다. 이러한 기대와 환상을 품고 S사 협상단은 호텔로 돌아갔다. 다음날 협상을 위하여 P사가 제공한 리무진을 타고 P사의 공장에 도착해 회의실로 들어갔다. 시작과 함께 나오는 이야기가 바로 도착하던 날 저녁식사 중에 들었던 엄청

난 프로젝트에 관한 것이었다. P사의 협상단은 보통 협상에 들어가기 전에 본 협상과 관련이 있든 없든 상관없이 자신들이 진행하는 프로젝트에 대해 먼저 소개하고는 한다. 이 모든 것이 자신들이 계획한 프로젝트의 규모를 과시함으로써 기선을 잡아보자는 전술이었다. S사 협상단이 다음 비즈니스를 기대하게 하는 것이다. 이러한 기대를 미끼로 그들에게 유리한 방향으로 협상을 몰고 가겠다는 전술인 것이다. S사 협상단은 그들의 프레젠테이션에 집중하면서 열심히 경청했다. 이윽고 프레젠테이션이 끝나고 본격적인 협상에 들어가게 되었다. 그들의 이야기로는 이번 물량은 차기에 나올 항공기 부품 물량의 10퍼센트도 안 되는 소량이니, 초기 수주trial order로 생각하여 가격을 그들이 원하는 수준으로 맞추어주면 차기 물량을 약속하는 한편, 그때는 지금보다 더 좋은 가격으로 발주하도록 노력하겠다는 것이었다.

S사 협상단으로서는 흥미가 당기는 이야기이지만, 냉철하게 생각해보면 현재 진행 중이라는 항공기 엔진 개발 프로젝트가 아직 100퍼센트 상업화에 성공한 것도 아니고, 말 그대로 시험 단계trial stage에 있으므로 완전히 믿기는 어려웠다. 그리하여 S사 협상단은 차기 물량에 대하여 많은 관심을 가지고 있기는 했으나, 이번 물량에 대한 가격이 목표 원가에서 너무 벗어나면 합의하기가 어렵다는 쪽으로 내부 방침을 정하고 그 뜻을 P사에 분명히 전달했다. 그리고 차기에 물량이 더 많이 나오면 이번보다 오히려 가격을 더 좋게 제시할 수 있을 것이라고 설명하면서, 현재의 물량과 차기 물량을 분리하여 생각하자고 주장했다. S사 협상단의 생각은 P

사가 현재 진행 중이라는 항공기 엔진 개발 프로젝트가 100퍼센트 상업화에 성공하면 그에 소요되는 부품을 한국에서 공급받는 것이 그들로서도 유리하니 결국 우리를 선택할 가능성이 높아진다는 계산을 하고 있었다. 그러므로 굳이 낮은 가격을 감수하면서까지 무리하게 수주를 할 필요성이 없다고 판단한 것이다.

S사 협상단의 판단은 옳았다. 지금 협상 중인 물량과 차기 물량을 분리하여 생각하자는 S사 협상단의 끈질긴 주장이 효과를 발휘하여 불만 없는 정도의 가격으로 P사로부터 초기 수주를 받아낼 수 있었다. 양측은 비즈니스 협력이라는 큰 틀에서 협상을 마무리하고 부품 제조·공급 계약과 기술 지원 계약까지 체결했다.

이처럼 P사는 확정되지 않은 프로젝트와 관련된 차기 수주 물량 등 미끼를 던지면서 S사로 하여금 기대에 부풀게 하고 경계심을 무너뜨리려는 전술을 통해 본 협상에서 이득을 취하려고 한 것이다.

▌활용 방법

"이번 물량은 구매계획상 1차 물량으로 이 정도지만, 본 구매에서의 물량은 훨씬 많습니다. 본 구매에서는 더 좋은 조건으로 계약할 테니, 이번 거래에서는 우리 측 제안대로 합의합시다"라고 말하거나 앞으로 큰 물량을 구매할 듯이 말하여 가격을 낮춰놓고 실제로는 소량을 주문하는 전술이다.

판매를 책임지는 영업직원들의 입장에서는 상대방 구매자가 앞으로 많은 물량을 구매할 계획이 있다고 내비친다면 실현 여부에 앞서 고무적이고 기쁜 소식이 아닐 수 없다. 따라서 영업직원들은 구매자가 한 이야기를 어느 정도 그대로 믿고 싶어 하고 또한 믿는 경향이 있다. 그래서 앞으로 기대되는 대량 주문을 고려하여 협상에서 최대한으로 가격을 낮추어 제시하게 된다.

앞으로 있을 구매 물량에 대해 구두로 계약했다가 이행하지 않는다고 해도 법적으로 문제되지 않기 때문에 구매자 입장에서는 큰 부담 없이 활용이 가능한 전술이기도 하다. 만약 미끼전술로 제시한 것이 실제 실현되면 구매자의 입장에서는 더욱 강력한 협상 수단으로 활용할 수 있어 여러모로 유리한 협상 전술이라 할 수 있다.

▌대응 방법

• 겉으로는 상대방의 이야기를 믿는 척하면서도 속으로는 실현되지 못할 때를 대비해 대응한다.

• 미리 준비한 '주문량에 따른 계약 조건의 차이' 자료를 제시하며, 향후 본 구매물량 주문 시 더 좋은 조건을 제시하겠다고 한다.

• 회사의 규정이나 영업지침을 핑계로 거절한다.

• 향후 대량 주문을 할 의도가 있을 정도로 귀사를 중시한다면 초기 수주에서 지나치게 불합리한 요구를 하지는 않을 것이라는 생각으로 대응해나간다.

• 좀 더 확실성을 파악하기 위해 가능하면 본 구매 관련 자료를 보여달라고 요청하거나 약식 서면으로 약속해줄 것을 요구한다.

양의 탈을 쓴 늑대같이
겉과 속이 다른 전술

S그룹 플랜트 설비 수출부 협상단이 대만의 L사로부터 오일탱크 수출을 위한 제안요청서 re-quest for proposal: RFP 를 요청받고, 견적을 포함한 여러 가지 제안 조건을 제출한 후 협상을 하기 위해 대만으로 갔다. 대만 현지지사의 직원과 함께 L사를 방문하여, 협상을 시작하기에 앞서 L사의 주요 인사와 인사를 나누고 협상장으로 이동했다. 비교적 큰 프로젝트여서 L사에서는 3명의 수행인과 구매담당 임원이 참석했다.

L사의 참석자들은 대부분 직급에 비해 나이가 많아 보이고, 간이복을 입고 있었다. 겉보기에는 세련되지 못하고 허술해 보였다. S그룹 협상단은 저런 수준의 사람들이 어떻게 이 같은 큰 프로젝트를 수행하고 있는지 신뢰가 가지 않았다. 협상에 임할 때 질문 사항을 포함한 여러 가지 자료를 준비해야 하는데, 준비도 허술해 보여 협상이 수월하게 풀릴 것으로 생각했다. L사 협상단은 S그룹 협상단이 제시하는 조건을 열심히 듣고 있는 듯했으나 설명 도중에 집중도가 다소 떨어지는 모습을 보이기도 했다. 프레젠테이션을 하는 동안 별 다른 질문이 없었기 때문에 우리 측의 제안서를 충분히 이해하고 넘어가는 것으로 생각했다. 그들의 이러한 모습을 보고 S그룹 협상단은 L사가 우리의 능력을 인정하고 제안서 내용을 모두 받아들일 것 같다는 생각이 들어 속으로는 성공했다는 안도감까지 가지고 있었다.

그런데 S그룹 협상단의 설명이 끝나갈 무렵, 침묵하고 있던 L사에서 질문을 시작하면서 S그룹 협상단이 제시한 조건을 따지기 시작했다. 제안서에서 나타난 내용으로 보아 성능과 품질이 우수하고 기술 능력도 충분히 갖춘 것으로 보이나, 싱가포르 경쟁사에 비해 가격이 높고 대금결제조건도 좋지 않다는 것이다. 싱가포르 경쟁사는 가격 조건도 좋고 대금결제를 연불 조건과 연계하여 저금리 장기지불 조건으로 제시했다는 것이다. 그들의 허술한 모습이나 지금까지의 태도와는 달리 갑작스러운 태도 변화였다. 협상 초반에 우리 측의 제안에 대한 별다른 이의 제기가 없어서 협상이 성공적으로 마무리될 것으로 여겨졌는데, 경쟁사와 비교하면서 협상 전문가다운 모습으로 돌아와 허를 찌른 것이었다. 결국 S그룹 협상단은 불만족스럽지만 그들의 요구조건을 대부분 수용하면서 수주를 따낼 수밖에 없었다.

L사 협상단은 겉으로 보기에는 허술하게 보였으나 속으로 기회를 보고 있다가 노련하게 협상을 주도했다. S그룹 협상단이 제시한 조건 중 그들에게 유리한 것은 별도로 챙겨두고, 불리한 것만 모아서 집중적으로 따지고 그들이 준비한 요구조건에서 경쟁사의 조건을 들먹이면서 S그룹 협상단을 압박하여 많은 양보를 유도했다.

▎활용 방법

일반적으로 어려운 상대를 만나 협상할 때는 본래의 모습을 감추고 허술하게 보이도록 어수룩한 복장을 하거나 단정하지 못한 차림새를 하여 상대방을 방심하게 하는 것이다. 협상 상대가 경계심을 풀고 내놓을 '선물 보따리'를 다 풀어

놓으면 만족하는 척하면서 안심시킨 후 마지막에 예상치 못한 조건을 추가로 제시하여 이에 당황한 상대가 받아들일 수밖에 없도록 상황을 이끌어간다.

- 상대방이 겉으로 허술하게 보이는 벨리업 belly up 전술로 나온다면 협상이 진행되는 동안 우리의 제안을 상대방이 잘 이해하고 있는지 점검하여 서로 공감대를 형성할 필요가 있다. 이를 위해 우리의 제안을 설명하는 도중에 가끔씩 질문을 하여 상대방의 반응을 파악해본다.
- 협상 전에 상대방의 협상 목적과 목표 What they want, 협상 목록, 협상 전략, 예상되는 협상 전술, 내부 이해관계자의 견제여부, 시간 압박 time pressure, 본 협상에 대한 상호 의존도, 협상 참가 대상자 등을 미리 파악하고 분석해 대응한다.
- 상대방 협상 대표와 수행자들의 개인 정보(결정권, 성격, 이해력, 우선순위, 취미, 가정 생활 등)를 파악하여 협상 중에 상대에 따라 개인별로 대응한다.
- 경쟁 대상자들의 제시 조건을 가능한 한 상세히 파악하여 그들과의 차이점을 미리 분석하고 대응책을 세운다.

상대를 혼란스럽게 하는 양면 전술

한국의 S사에서 헬기 엔진용 부품을 수출하기 위해 캐나다 PC사와 비즈니스 협력에 관한 MO

U를 체결하고 본격적인 사업에 들어갔다. S사는 항공기 사업의 기술 확보와 물량 확대를 위해 지속적인 사업개발이 필요했고, 캐나다의 PC사는 생산비용을 낮추기 위해 한국과 같은 개발도상국의 우수한 생산업체를 개발하려는 계획이 있어 서로 뜻이 맞았던 것이다. 비즈니스 협력에 관한 MOU를 체결하고 PC사에서 S사의 공장을 실사한 뒤, S사는 PC사의 요청에 따라 헬기 부품에 대한 견적을 제시했다. 상호 협력한다는 기본 원칙 하에 양측이 모두 불만 없는 선에서 계약조건을 타결하고 초기 물량을 수주하게 되었다. 초기 수주이기 때문에 S사도 여러 가지 면에서 관심이 많았지만, PC사는 품질에 관심이 많아 엔지니어가 몇 주 동안 파견을 나와 생산 기술과 품질 관리 지도를 실시했다.

첫 물량이 무난하게 납품되고 품질 검사에서 통과한 후 얼마 지나지 않아 첫 발주 물량 수준의 두 번째 수주를 받아 생산 중에, PC사로부터 본격적인 발주 물량에 대한 견적 요청이 들어왔다. 이전에 있었던 여러 가지 경험을 고려하여 산출한 견적을 PC사에 제시하자 일주일 정도 지나 캐나다에서 협상을 하자는 연락이 왔다. 필자를 비롯한 S사 협상단은 부랴부랴 협상 준비를 하고 캐나다로 건너갔다. 도착한 날 공항에서 PC사 구매담당 과장과 인사를 하고 간단한 식사를 함께하면서 이런저런 회사 돌아가는 이야기를 나눈 후 호텔로 직행했다. 시차로 인한 피로로 휴식이 필요했기 때문이다.

다음날 협상 장소에 도착하여 잠시 기다리자 PC사 협상단이 들어왔다. 구매담당 과장, 품질담당 과장, 기술담당 과장 등 3명으로 구성되어 있었다. 서로 인사를 하고 관심사에 대해 대화를 나눈 후 본격적인 협상에 들어가려는데, PC사의 품질담당 과장이 먼저 나서서 준비해온 자료 몇 장을 꺼내더니 갑자기 언성을 높이면서 S사 협상단을 향해 질책하는 것이었다. 이야기인즉 PC사는 S사가 항공기 분야에서는 한국에서 가장 우수한 업체이고 자신들과의 비즈니스 협력을 위한 훌륭한 파트너로 생각하여 헬기 엔진용 부품 중 일부를 생산하도록 맡겼는데, 최근에 납품한 부품을 검사해본 결과 불량이 많이 발견되어 비즈니스 협력은 물론 부품 생산을 위한 발주도 중단해야 할 아주 심각한 상황이라는 것이다. 거의 10분 동안 분노와 질책이 이어졌으며, 이런 상황에서는 견적에 대한 협상도 무의미하다는 말까지 나왔다. 그래서 필자가 어떻게 된 것인지 확인해보기 위해 부품검사 자료를 보여달라고 했더니 나중에 한국에 돌아가서 보라고 하면서 나가버리는 것이었다.

시작할 때 좋았던 분위기는 삭막해지고 S사 협상단은 사실 여부를 즉시 확인할 수 있는 상황도 아니었기 때문에 매우 불안한 상태에 있었다. 그때 PC사 구매담당 과장이 일어서면서 "품질담당 과장이 너무 소란을 피워 죄송합니다만 품질담당 과장은 원래 직선적인 성격이라 누구 앞에서도 자기 할 말을 다하는 사람이니 이해를 해달라"고 말했다. S사 협상단으로서도 당장 뾰족한 수가 없어 일단 그의 말을 그러려니 하면서 받아들이고 협상을 계속하는 수밖에 없었다. 협상 초반부터 일격을 당한 S사 협상단은 어리둥절했으며 허둥대기 일쑤였다. 그날 협상은 수주 여부가 결정되는 중요한 순간이기 때문에 추가 계약을 성공시키기 위해서는 PC

사의 요구를 많이 들어주지 않을 수 없었다. 항공기 부품은 고도로 정밀한 가공기술과 엄격한 품질관리가 절대적으로 필요하다는 것을 S사 협상단은 잘 알고 있었다. 그렇기 때문에 PC사로부터 품질에 대한 결점을 지적받자 그들의 요구에 반박할 만한 기력을 잃어버리고 이끄는 대로 따라가는 상황이 되어버린 것이다. 그때 상황으로서는 추가로 발주해주는 것만으로도 고마울 따름이었다.

그러나 S사 협상단은 PC사 품질 담당 과장의 주장에 약간의 억지가 있었다는 것을, 협상을 모두 끝마치고 호텔로 돌아와 품질검사 결과와 설명서를 팩스로 받고서야 알게 되었다. 두 회사 간에 서로 인지된 품질관리 기준을 적용하면 S사가 납품한 헬기 부품 품질 상태는 만족할 정도는 아니지만 호된 질책을 받을 만큼 형편없는 것도 아니었다. PC사 협상단의 전술에 넘어간 것이다. 그 당시 좀 더 실무 협상 경험이 많았더라면, 부품 검사 자료를 보여달라고 강력하게 요구하고 무례한 행동에 대해 항의했을 것이다. 설령 S사가 납품한 부품의 품질에 문제가 있더라도 PC사의 태도는 관례상 무례한 것이었기 때문이다. 아무튼 상대방의 '양면 전술'로 S사 협상단은 사기를 잃고 많은 것을 양보를 했지만, 동시에 많은 것을 배울 수 있는 경험이었다.

이와 같이 양면 전술은 협상 상대가 계획적으로 공격적 혹은 우호적인 상황을 연출하여 협상 분위기를 자신들이 원하는 방향으로 몰고 가면서 양보를 받아내는 전술이다. 협상자가 1인인 경우 혼자서 공격적이거나 우호적인 연출을 번갈아 하고, 협상자가 2인 이상인 경우 한 사람은 공격

적이고 비논리적인데 반해 다른 한 사람은 우호적이며 공정한 사람으로
연기하는 것이다. 경험이 부족하여 이러한 전술에 휘말리게 되면 심리적
불안감으로 계획한 대로 협상을 진행하지 못하게 되고, 쉽게 상대방의 요
구에 응하게 된다.

❚활용 방법

이 전술은 악역을 미리 선택하여 각본을 짜서 충분히 연습해야만 차질 없이 활
용할 수가 있다. 어설프게 연출하면 상대방이 속셈을 알아차려 효과가 없어지
고 오히려 신뢰를 잃게 된다. 2인 이상이 연출한다면 공격적인 연기를 하는 사
람이 상대방의 약점을 파고들며 위협하는 악역을 맡게 되고, 우호적인 연기를
하는 사람이 선한 역을 맡게 된다. 악역 담당자는 자신의 역할을 수행하면 더는
현장에 나타나지 않는 편이 좋다. 남은 동료가 그를 어쩔 수 없는 성격으로 돌
려버리는 식으로 분위기를 수습하고, 실리를 챙기면 된다.

1인이 연출한다면 초반에는 공격적인 연출을 하여 상대방으로 하여금 심리적
인 압박감을 느끼게 하고, 후반에 업무상 그렇게 할 수밖에 없는 상황이었음을
설명하면서 우호적이며 공정한 사람으로 보이게 한다. 이와 같은 고도의 심리
전략에 말려들면 끝까지 버티기가 쉽지 않다.

❚대응 방법

• 협상에서 공격적인 태도를 보이는 사람이든, 우호적인 태도를 보이는 사람이
  든 결국 그들은 같은 편이라는 사실을 명심하고 대응한다.

- '상투적인 전술에 쉽게 넘어갈 내가 아니다'라고 스스로에게 자기 암시를 주어 심지를 굳건히 한다.
- 상대편의 이야기를 들으면서 왜 그런 태도로 나오는지 냉철하게 생각해본다.
- 상대방의 행동이 지나치다고 생각되면 중간에 제지하면서 근거를 요구한다.
- 상대방이 지나치게 무례하게 굴면 협상을 정중하게 거부한다.
- 이와 같은 상대방의 전술에 대비하여 협상장에 되도록 혼자 가지 말고 2인 이상이 함께 참석한다.
- 상대가 '양면 전략'으로 나오면 우리 측도 비슷한 전략을 구사해본다.

예산을 핑계로 가격을 낮추려는 전술

D중공업은 중장비 부품을 생산하는 공장을 증설하면서 부품의 절단과 가공 중에 발생하는 분진을 제거하기 위해 성능이 우수한 집진시설을 갖춰야 했다. 국내에서도 집진 설비의 생산이 가능했으나 여과기 성능이 우수하지 못해 종종 환경기준치를 충족시키는 데 문제가 발생하곤 했다. 1990년대 중반까지만 해도 수요자 측, 특히 대기업에서는 가격이 국내 업체보다 25퍼센트 정도 비싸도 성능이 보장되는 외국 제조회사의 집진 설비를 선호하는 경향이 있었다.

그러던 중 필자가 경영하던 S엔지니어링사에서 D중공업으로부터 집진 설비에 대한 견적을 의뢰받아 기술명세와 가격제안서를 제출하게 되었고, 제시한 총 견적가는 1억 2,000만 원이었다. 여기에는 집진 설비의 미국 현지 공장도 가격, 한국으로의 해상 운송과 국내 운반비, 공장에 설치하기 위한 중장비 사용료와 인건비 등이 포함되어 있었다. 미국에서 한국으로 해상 운송하는 기간을 제외한 현장 설치 기간은 준비작업과 설치작업 기간을 합해 7일 정도 소요되며, 그 비용 중 중장비 사용료가 약 800만 원 정도 포함되어 있었다. 견적을 제시한 후 일주일이 지나서 마침내 D중공업으로부터 견적에 대해 협상하자는 연락을 받았다. 협상에서 D중공업은 집진 설비의 구매를 위한 예산이 1억 원밖에 책정되지 않아 1억 원내에서 가격을 결정해야 한다고 주장했다.

필자는 그때 D중공업이 다른 국내 설비를 구매할 수도 있지만 환경 기준치를 충족시키기 위해서는 필자의 회사, 즉 우리가 공급하는 장비를 살수밖에 없는 입장이라는 것을 잘 알고 있었다. 덕분에 그들의 동정을 살피면서 시간을 끌면 결국 우리가 제시한 가격에 응할 것이라는 생각을 하게 되었다. 그런데 변수가 발생했다. 환경기준치를 충족시킬 만한 집진 설비를 공급할 수 있는 회사가 서너 업체 더 나타난 것이다. 그동안 인간관계 형성을 통해 튼튼한 신뢰를 구축해왔지만 우리 측에서 시간을 너무 끌면 오히려 역효과가 있을 것이라는 생각이 들었다. 그래서 적당한 때를 택해 못 이기는 척하면서 D중공업에 연락하여 다시 협상을 제안했다.

필자는 협상에서 D중공업의 예산에 가격을 맞춰주되, 집진 설비를 설치하는 데 필요한 중장비를 D중공업에서 공급(약 500만 원 상당)하고, 선수금을 10퍼센트에서 30퍼센트로 늘리며, 결제조건에서는 2개월 어음을 모두 현금결제로 바꾸어줄 것을 요구했다. 처음에는 D중공업에서 무리한 요구라며 거부했지만, "우리 측에서도 부담이 많지만 양보를 했으니 D중공업에서도 우리에게 무언가 보답을 주어야 거래가 이루어지지 않겠는가"라고 주장하면서 설득해나갔다. 지속적으로 설득한 결과, D중공업 입장에서는 자체적으로 사용하는 중장비가 있고 어차피 확보된 예산에서 선수금이 집행되는 것이니 선수금을 10퍼센트에서 30퍼센트로 늘리고 2개월 어음에서 현금 결제로 변경한다 하더라도 큰 부담이 없다고 판단했는지 우리 측 주장을 받아들이게 되었다.

결국 D중공업 입장에서는 중장비 공급, 선수금 증가, 어음에서 현금지불로 결제조건 변경 등 다소 부담을 지게 되었지만 예산 범위 내에서 집진 설비를 구매할 수 있었고, S엔지니어링의 입장에서도 1,000만 원을 인하해주는 대신 D중공업의 중장비 사용, 선수금 증가, 어음에서 현금지불로 결제조건 변경 등으로 약 1,000만 원에 상당하는 가치를 얻어냈기 때문에 서로 큰 불만 없이 협상을 끝낼 수 있었다.

▌활용 방법

"프로젝트를 위해 현재 책정된 예산은 이것뿐이므로 예산 범위 내에서 결정이 이루어져야 합니다"라고 말하면서 예산에 맞추어 계약할 것을 요구한다. 이러한 전술은 제시된 견적 가격이 예산보다 높아 실제로 예산이 부족하거나, 회사의 예산을 핑계로 가격을 좀 더 낮춰보려는 것이다.

이런 전술은 읍소작전으로 협상 상대의 동정심을 불러일으켜 협조를 얻어낼 목적으로 하는 것이며 판매자인 상대방은 구매자의 속마음을 쉽게 확인할 수 없고 반박하기도 어려운 처지에 놓이게 되어 효과가 큰 편이다.

▌대응 방법

① 협상 상대가 예산을 핑계로 가격을 낮추려 할 때는 먼저 진위 여부를 알아내는 것이 중요하다. 평소에 상대 회사나 상대방이 취해오던 여러 가지 정책이나 행동을 미루어보아 그들의 속내를 파악해보아야 한다.

② 예산 문제만 해결되면 반드시 주문을 할 것인지 확인해봄으로써 속마음을 떠볼 수 있다.

③ 시간에 여유가 있으면 상대방 조직 내의 인맥을 활용하여 진실 여부를 파악해내야 한다. 진실 여부에 따라 대응 방법을 달리해야 하나 상대방의 목적은 가격을 깎기 위한 것이므로 이에 무조건 응해서는 안 된다.

④ 예산이 부족하다면 상대방도 예산 부족에 따른 불편이나 경감을 감수해야 할 것이다. 이에 대응할 수 있는 방법으로는 다음과 같은 것이 있다.

- 사실을 확인해본 결과 예산 부족이 진실이라면 상대방이 당해 회기년도 내에 집행할 수 있는 예산의 일부 부족분에 대해 결제기간을 다음 회기로 연장해주겠다는 제안을 한다.
- 가격을 예산에 맞추어주는 대신 그에 상당하는 만큼 선수금 상향조정, 현금 지불, 결제조건완화 등 보상받을 수 있는 조건을 제시한다.
- 금융기관을 활용하여 결제 기간을 연장할 수 있는 연불결제조건 등을 제시한다.

- 예산범위 내에서 집행이 가능하도록 가격을 인하해주고 가격인하만큼의 역할 분담을 제안한다.
- 예산 범위 내에서 구매가 가능한 사양 변경이나 대체안을 제시한다.

⑤ 사실을 확인해본 결과 예산 부족이 진실이 아니고 가격인하에만 목적이 있다면, 이에 대응할 수 있는 방법으로는 다음과 같은 것이 있다.

- 우리 제품이나 서비스는 이점과 혜택이 많아 다른 경쟁사의 것보다 가치가 있으며 가격을 더 지불하는 만큼의 가치를 얻을 수 있음을 강조한다.
- 애초부터 우리가 제시하는 견적 가격에는 낮춰줄 수 있는 여유를 포함하지 않았음을 강조하며 경쟁사보다 가격이 높은 이유를 분명히 말해둔다.
- 회사의 영업 정책과 규정을 앞세워 당당하게 버틴다.
- 저렴한 가격에 합당한 사양 변경이나 사양 축소를 제시한다.
- 가격을 예산에 맞추어주는 대신 그에 상당한 만큼 선수금을 높이고, 현금 지불 등 결제조건을 변경하여 부담을 줄여줄 것을 제안한다.

약점으로 물고 압박하는 전술

경영컨설팅을 하는 최설득 씨는 컨설팅을 위해 기업을 방문할 때 가지고 갈 노트북이 필요했다. 여러 가지 기능을 필요로 하지는 않지만 휴대하기 쉽게 간단하고 가벼우며 값도 비교적 싼 것을 원했다. 그래서 중고 노트북을 사기로 하고 품질과 가격 면에서 믿을 수 있는 전자상가를 방문했다. 그곳에서 중고 노트북 취급점을 몇 군데 방문하여 중저가 노트북을 고르던 중에 2013년도 형 L사 제품이 적당한 것 같아 가게 주인에게 값을 물어보았더니 90만 원이라고 했다. 예상보다 너무 비싸다는 생각을 하면서 노트북을 이리 저리 살펴보기도 하고 주인의 허락을 받아 전원을 연결시켜 가동해보았다. 그런데 다소 느린 것 같고 소음도 많았으며 저장 용량도 생각보다 작았다.

최설득 씨는 마음속으로 자기가 사고 싶은 최종 목표 가격을 70만 원으로 정했다. 그리하여 주인에게 노트북의 여러 가지 문제점을 지적하면서 성능과 기능에 비해 너무 비싸지 않느냐고 말하면서 가게를 나가려는 순간 가게 주인은 최설득 씨를 붙잡아 세우고 가격을 얼마로 해주면 되겠느냐고 물었다. 최설득 씨는 70만 원이면 사겠다고 했다. 그러나 가게 주인은 82만 원 이하로는 팔기 어렵다고 한다. 최설득 씨는 못이기는 척하면 가격을 좀 더 낮출 틈이 생기겠다고 생각하고 노트북을 다시 살펴보는데, 생각보다 무게도 많이 나가고 몇 군데 긁힌 자국도 발견했다. 그는 무게와 긁힌 자국을 들어 82만 원을 주고 사기에는 너무 비싸다고 말했다. 최설득 씨는 가게 주인과 몇 차례 더 밀고 당기다가 결국 75만 원에 노트북을 살 수 있었다. 가게 주인은 최설득 씨가 끈질기게 노트북의 약점을 지적하자 중고 노트북을 자신이 정한 가격 90만 원에서 15만 원을 낮춰 팔았고, 최설득 씨는 최종 목표 가격인 70만 원에 사지는 못하고 75만 원에 샀지만 당초 90만 원에서 약 17퍼센트에 해당하는 15만 원을 절감할 수 있었다. 최설득 씨는 노트북을 몇 차례 살펴보고 약점을 계속 지적을 하면서 가게 주인을 압박하는 데 성공한 셈이다.

이와 상반되는 사례가 있다. 아파트를 사려고 부동산 중개업자와 함께 집을 보러 온 매입자와 아파트를 내놓은 매도자 사이에 이런 대화가 오고 갔다고 가정해보자.

"아파트 위치가 참 좋은 것 같습니다. 교통도 생각보다 훨씬 편리한 것 같고요."

"그럼요. 산이 가까이 있어서 공기도 좋을 뿐만 아니라 교통은 더 말할 나위가 없지요. 앞으로 도시정화 계획이 있어 더 좋아질 겁니다."

"집 관리를 참 잘하셨네요. 어쩌면 이렇게 깨끗하게 집을 사용하셨어요? 이사 오면 도배와 장판을 새로 안 해도 되겠네요. 주방과 실내 인테리어도 너무 잘해 놓으시고요."

이 말을 들은 매도자는 당연히 이렇게 생각할 것이다. '교통도 위치도 다 마음에 들어하고, 집안의 인테리어며 관리 상태도 매우 흡족해하는 것 같으니, 가격을 내리지 않고 지금 집값을 고수해도 충분히 팔 수 있겠네.'

이처럼 구매를 원하는 대상에 대해 칭찬으로 일관한 매입자는 가격을 낮추는 것이 매우 어려워진다. 물건에 대한 반복적인 칭찬이 매도자의 목표와 기대에 영향을 미쳐 가격을 상승시키는 요인이 된 것이다.

이렇게 과거 거래에서 있었던 약점이나 현재 거래에서 나타나는 약점을 지속적으로 들춰내면서 기선을 잡고 약점에 대한 대가로 양보를 받아내는 전술이 협상에서 필요하다. 지난 거래에서 만족하지 못한 사항이나 불충분하게 처리되어 발생한 문제를 현재의 거래에 반영시켜 대신 양보를 얻어내려는 전술로서, 이를 협상 시작부터 끝까지 물고 늘어지면서 괴롭히는 것이다. 또한 현재의 거래에서 제품이나 서비스의 약점을 들춰내어 이를 빌미로 가격을 낮추려는 전술이다.

▎활용 방법

상대방과의 과거 거래에서 발생한 품질 문제, 성능 저하, 납기 지연에 의한 손실, A/S 부실 등 비교적 중요한 문제를 지속적으로 제기하여 그 약점을 빌미로 더 큰 양보를 요구한다. 또한 현재의 거래에서도 제품이나 서비스의 약점을 발견하여 순차적으로 들춰내어 허를 찔러 가격인하를 요구한다.

▎대응 방법

① 협상 전에 상대방과의 과거 거래에서 불미스러운 점이 있었는지 미리 확인하고, 만약 있었다면 본 협상과 연결할 것인지 아니면 별도로 해결할 것인지를 선택해 대응책을 수립한다.

② 상대방의 주장을 일단 경청하고 협상 상대가 우리와의 과거 거래에서 불편을 겪은 일이 확실하다면 이에 대해 정중히 사과한다. 그럼에도 지속적으로 물고 늘어진다면 다른 뜻이 있음을 간파하고 대응책을 수립해야 한다.

③ 만약 상대방의 주장에서 잘못된 점이 발견되면 이를 지적하여 이해시킨다.

④ 현재의 거래에서 약점이 될 만한 사항을 미리 도출해내고 본 협상에서 상대방이 제기하지 못하도록 사전에 제거하거나 개선시킨다.

⑤ 현재의 거래에서 상대방이 지속적으로 약점을 지적하면 가격을 깎기 위한 전술로 생각하고 민감한 반응을 삼가고 구매를 전제로 가격을 양보한다.

경쟁자와 비교하면서 압박하는 전술

D사는 항공기 부품사업을 확대하기 위해 세계 굴지의 항공기 제조사들과 연쇄적으로 접촉하면서 기술제휴는 물론 부품 제조 물량을 확보해나가고 있었다. 그중 미국의 B사는 생산 비용을 낮추기 위해 개발도상국의 우수한 생산업체를 개발하려는 계획의 일환으로 D사와 비즈니스 협력에 관한 MOU를 체결했다. 그 후 D사는 B사로부터 헬기 부품에 대한 견적을 요청받았다. 견적을 제시한 후 며칠이 지나 협상을 하러 오라는 연락을 받고 D사 협상단은 곧장 미국 B사로 갔다.

도착 당일 마중을 나온 B사의 구매담당 임원과 과장이 명함을 교환하면서 인사를 한 뒤 호텔로 직행했다. 개인적인 취미와 관심사에 대해 즐거운 대화를 나누며 화기애애한 분위기로 저녁을 함께 했다. 저녁식사도 그렇지만 예상보다 상당히 친절하고 호의적으로 대하는 것 같아 D사 협상단으로서는 우선 안심이 되었다. 만나는 순간부터 분위기가 사무적이고 딱딱하면 협상까지 그 분위기가 연결되어 협상에 좋지 않을 수 있기 때문이다.

그러나 그들의 친절과 호의는 전술의 하나였다. 다음날 협상에서 B사는 본색을 드러내기 시작했다. D사의 가격은 경쟁사와 비교한 결과 엄청나게 높아 협상을 통하여 조정이 될지 모르겠다며 압박을 시작한 것이다. D사에서 제시한 가격의 수준은 총원가에 몇 퍼센트의 이윤을 더한 것이었는데, 당시에는 인건비가 그리 높은 편이 아니어서 브라질의 경쟁 기업 M사의 인건비와 비교하여 낮거나 비슷했으므로, D사는 그들이 제시한 가격이 높지 않다고 생각했다. 그러나 B사에서는 브라질의 M사가 제시한 가격보다 수십 퍼센트 높다고 하면서 가격을 내리라고 압박을 가했다.

B사가 요구한 가격 수준은 D사의 제조원가 수준밖에 되지 않는 것이었다. 공장가동률을 높이기 위해 수주를 하기는 해야겠지만 너무 많은 양보는 할 수 없었다. B사는 D사가 브라질의 M사보다 생산 기술과 품질 관리 면에서 우수하다는 것을 알기 때문에 거래를 원하고 있으면서도, 가격을 더 낮출 목적으로 경쟁사를 이용해 압박했던 것이다. D사 협상단은 B사의 가격 깎기 전술에 대응해 우수한 생산기술 능력과 품질관리 능력을 반복적으로 강조하고 이러한 능력이 유지되기 위해서는 그에 걸맞은 투자가 수반되야 하므로 가격이 경쟁사보다 다소 높을 수 있음을 이해시켜 나갔다. 하지만 밀고 당기기가 몇 시간 지속되었어도 결말이 날 것 같지 않았다.

D사 측도 양보를 전혀 안 할 수는 없는 상황이었다. 항공기 부품사업을 위한 기술을 향상시키고 부품 생산을 확대하려는 목표를 달성하기 위해서는 많은 생산 물량이 필요했기 때문이다. 그래서 B사의 요구조건을 소홀히 다룰 수도 없으므로 양측이 비즈니스 협력이라는 큰 틀에서 협상

을 마무리한다는 전제로 서로 조금씩 양보하여 총원가보다 약간 낮은 수
준으로 가격을 조정하고 부품 제조·공급 계약과 기술 지원 계약을 체결
했다.

이러한 협상 전술은 구매자나 판매자 모두 주도적인 입장에서 큰 부담
없이 사용할 수 있으며, 손쉬운 방법일 뿐만 아니라 가격 협상 시에 상대
방이 최저가격을 제시하게 하는 데에도 효과적이므로 구매자가 많이 사
용하는 편이다. 드문 경우지만 판매자 측에서도 활용할 수 있다. 만약 관
련 산업에서 해당 제품이 판매자 시장seller's market 에 있다면 구매 경쟁자
들을 압박하면서 유리한 조건으로 협상을 타결하기 위해 이 전술을 활용
할 수 있다.

▌활용 방법

판매자와 경쟁 관계에 있는 기업으로부터 받은 견적서나 제안서를 은근히 보여
주면서 견적조건 중 경쟁사의 유리한 조건을 제시하면서 압박을 가하는 한편
가격을 낮추려는 협상 전술이다. 이러한 전술이 효과를 보기 위해서는 평소에
상대방으로부터 신뢰를 받고 있어야 한다. 그렇지 못하면 트릭trick 을 쓴다는
낌새를 금방 알아차리고 말려들지 않을 것이다.
대부분의 영업직원들은 자신들의 가격을 비롯한 견적조건을 가능한 한 고수하
는 데 심혈을 기울이고 있다. 이렇게 협상에 대한 강한 부담감을 가지고 있기
때문에 구매자 측에서 경쟁사의 견적조건을 들먹이면서 이 전술을 사용하면 영
업직원을 압박하는 데 다소 큰 효과를 볼 수도 있다. 구매자 입장에서는 판매자

가 제시한 가격에 가격인하 폭이 미리 반영되어 있다는 것을 전제로 가격을 깎으려 들기 때문이다. 영업직원이 이러한 상황을 접하게 되면 수주를 위해 상급자에게 가격 양보에 대해 의논하게 되고, 대부분의 경우 구매자의 요구에 작은 폭이라도 응하게 된다.

▌ 대응 방법

① 구매자의 상투적인 전술에 대비하기 위해 미리 예상 경쟁사들의 동향과 견적 수준을 파악해둘 필요가 있으며 어떻게 대응해나갈 것인지 사전에 대비해두어야 한다.

② 상대방이 언급하는 경쟁사의 조건에 대해 비교의 기준이 맞는지 확인하기 위해 과감하게 견적서를 요구하거나 질문을 던져 진위 여부를 파악한다.

③ 비교 기준에 의거 검토해본 결과 경쟁사보다 우리 측이 제시한 가격이 높다는 것이 확인될 경우, 우리 제품이 구매자인 상대방에게 가져다줄 이점과 가치가 경쟁사보다 훨씬 많다는 점을 강조한다.

④ 그럼에도 설득이 안 될 경우 비가격적인 요소 중에서 상대방에게 득이 될 수 있는 다른 대안을 제시한다.

⑤ 상대방이 생각하는 수준에 맞게 사양을 변경하여 더 좋은 조건을 제시한다.

⑥ 만약 가격에 대한 양보를 해야 한다고 판단되면 상대편이 부담을 느낄 수 있도록 천천히 하고 양보하기로 한 사안에 대해서는 그 이유를 설명한다.

⑦ 계약을 전제로 가격에 대한 양보를 제시한다.

입찰과 협상을 동시에 진행하며 후려치는 전술

필자가 환경사업을 할 무렵인 1990년대 중반, P제철 연구소에서는 금속시험 및 연구 중에 발생하는 분진을 제거하기 위한 집진시설을 설치하려는 계획을 가지고 필자를 연구소로 불러 설치할 집진시설에 대한 기본 설계와 소요 예산을 요청했다. 당초에 P제철 연구소에서는 집진시설에 대한 기본 설계와 소요 예산을 제출해주면 수고비를 안 주는 대신 수의계약을 하기로 했었다. 하지만 며칠 고생한 끝에 이를 완성하여 제출했지만 이후 P제철 연구소는 수의계약이 입찰계약으로 바뀐다고 발표했다. 기본 설계와 소요 예산을 뽑아주면 당연히 수의계약이 될 것이라고 생각했는데, 당초 약속과 달리 입찰에 부친다고 하니 어이가 없었지만 어쩔 수 없이 우리도 입찰에 응하기로 했다.

그때 필자가 경영하던 회사에서 산정한 예산은 1억 1,000만 원이었으며 예산을 알고 있으니 응찰 금액 결정에는 다소 유리한 점이 있었다. 필자의 회사를 포함해서 4개 사가 입찰에 참여했는데, 동일 장소에서 응찰하여 바로 개봉한 결과 입찰 금액에 별 차이가 없었다. 참여한 업체들이 워낙 견적을 잘 뽑아서인지 입찰 참여회사 간에 몇 백만 원 차이밖에 나지 않았다. P제철 연구소에서는 업체 간에 응찰금액이 차이가 날 것으로 기대했는데, 몇 백만 원밖에 차이가 나지 않으니 4개 업체가 모두 모인 그 자리에서 다시 가격을 제시하라고 요구했다.

필자는 경쟁자를 의식하지 않고 최종 목표를 세우고 쉽게 양보하지 않으려고 갖은 노력을 기울였다. 한편으로는 가격을 제시하기 전에 "필자의 회사가 P제철 연구소에 그동안 제공한 무료 서비스에 대한 보상을 고려해서라도 이렇게 가격을 무리하게 낮추려고 한다면 상도에 어긋나는 것이 아니냐"고 회사의 입장을 강력하게 전달하기도 했으며 설비의 우수한 성능과 이점에 대해서 강조하기도 했다. 그러나 P제철 연구소는 계획을 바꾸지 않고 입찰을 그대로 진행해나갔다.

가격을 다시 제시한 결과 필자의 회사가 제시한 금액은 1억 200만 원이었고 우리와 경쟁이 가장 치열했던 A사는 1억 300만 원이었다. P제철 연구소는 이마저도 불만인지 그 후 두 차례나 가격을 내리치기 위하여 공개 협상을 시도했다. 이에 상도에 어긋나는, 협상 아닌 협상에는 참여할 필요가 없다고 판단하여 필자의 회사는 과감히 철수를 결정했다.

최종 협상 결과, 필자 회사와 가장 경쟁이 치열하던 A사가 선정되었는데 최종 가격이 6,500만 원까지 내려갔다고 했다. A사는 한국 내에 대리점을 시작한 지 얼마 되지 않아 국내시장을 개척할 목적으로 많은 손실이 예상되는데도 무리한 협상을 했다는 것이다. A사와 같이 특수한 상황을 제외하고는 이처럼 무리한 협상을 진행하는 회사는 없을 것이다.

나중에 알게 된 사실이지만 A사는 정상적인 판매가에서 40퍼센트 정도 손실을 보았다고 하며, 이를 본보기 삼아 앞으로는 절대로 이와 같은 무리한 협상에는 응하지 않겠다고 했다. 그리고 입찰에 참여했던 4개 업체 대표들도 앞으로 P제철 연구소처럼 약속도 안 지키고 상대방에게서 모든 것을 빼앗아가려는 악덕 업체의 입찰과 견적 의뢰에는 응하지 않기로 했다.

P제철 연구소가 사용한 협상 전술은 3~4개 경쟁사를 동시에 불러 공개된 장소에서 입찰을 하여 각각의 입찰 결과를 모두에게 공개한 다음, 각 업체의 거래조건을 공개적으로 비교하고 견적조건을 조정해나가는 전술이었다. 농수산물 판매에서 흔히 볼 수 있는 경매와 비슷한 것으로 볼 수 있다. 누구든 이런 상황에 접하면 경쟁사에게 거래를 뺏기고 싶어 하지 않는다는 심리를 이용해 자신의 목표를 달성하려는 협상 전술이다. 만약 어떤 제품을 판매하기 위해 경매에 붙인다면 구매 대상자들을 자극하여 경매 가격을 높이려 할 것이고, 구매하기 위해 이와 같은 방법을 쓴다면 판매자들 간에 경쟁 심리를 자극하여 가격을 최대한으로 끌어내리려고 할 것이다. 경매에는 협상 과정이 없기 때문에 여기에서는 구매와 관련된 전술과 대응책을 소개하고자 한다.

▌활용 방법

구매자는 사전에 입찰에 참여시키기 위한 자격을 부여하기 위해 기술 자료를 심사한 후 합격한 3~4개 업체를 예비 선정하여 공개 입찰한 결과를 모두에게 공개적으로 알려주고 각 사의 거래조건을 공개적으로 비교하여 구매자가 목표로 하는 수준에 다다를 때까지 협상해나감으로써 공급자들끼리 서로 출혈경쟁을 벌이도록 유도한다.

구매자가 칼자루를 쥐고 있어 심리적으로 판매자의 입장에서는 불리할 수밖에 없으며 판매자들의 경쟁 심리를 최대한 이용할 수 있다. 하지만 지속적으로 반복되면 오히려 판매자들의 반발을 불러일으킬 수 있으므로 유의해야 한다.

┃ 대응 방법

① 구매자의 의도를 정확히 간파하고 그 의도에 휘말리지 않겠다고 마음속으로 굳게 다짐한다.

② 최종 목표를 세우고 목표의식을 굳게 가지면서 쉽게 양보하지 않는다.

③ 경쟁자를 의식하지 말고 그들의 언어나 행동에 휘말리지 않는다.

④ 구매자 앞에서 경쟁자를 노골적으로 비난하거나 비교하지 말고, 우리 측의 차별성을 강조하면서 설득한다.

⑤ 구매자의 터무니없는 요구에 단호하게 맞서면서 다양한 대안을 제시하고 해결책을 모색해나간다.

⑥ 최선을 다하고 좋은 매너를 보여줌으로써 비록 협상을 성사시키지 못 하더라도 구매자와 다른 경쟁자들에게 깊은 인상을 남긴다.

시간을 지연시켜 초조함과 불안감을 조성하는 전술

협상 마무리 단계에서는 시간 압박time pressure 이나 마감시간 deadline 에 쫓기지 말아야 한다. 마감시간에 가까이 올수록 서둘러 양보하는 경향이 강하며 양보하는 양도 갈수록 증가한다고 한다. 시간에 쫓기는 것을 상대가 눈치채고 이를 이용하면 여기에 대응할 방법도 궁색해진다. 따라서 협상 마지막 단계에서 시간에 쫓기는 일이 없도록 미리 사전에 협상 계획과 일정을 잘 수립해야 한다.

널리 알려진 사실이지만 2002년 GM과 대우자동차가 한창 협상을 진행 중인데 한국 정부에서는 "구조조정을 위해 대우자동차를 빠른 시일 내에 외국 기업에 매각해야 한다"고 공개적으로 여러 차례 언급함으로써 대우자동차가 시간에 쫓기고 있다는 불리한 정보를 GM에 손쉽게 제공한 사례가 있다. 결국 GM은 시간압박과 마감시간을 협상에 잘 활용하여 힘들이지 않고 유리한 입장에서 대우자동차 인수 협상을 타결한 셈이 되었다. 다른 사례를 통해 마감시간 전략에 대해 검토해보기로 한다.

강한판 과장은 건축용 판넬을 제조하는 H사의 영업직원이다. H사는 영업직원들에 대해 성과급제를 실시하고 있다. 매월, 매분기 영업실적을 계산하여 월급과 분기 성과급을 지급하고 있다. 보통 판넬은 수주 후 10일 정도 지나야 납품이 가능한데, 9월인 경우 늦어도 9월 20일까지 수주가 결정되어야 9월 말까지 납품하고, 9월 급여와 3/4분기 성과급에 반영이 될 수 있다. 그런데 9월 20일인 오늘, 아직도 영업실적이 2,500만 원 정도 부족한 상태다. 올해 9월 초에 C사에 공장건설용 판넬에 대해 3,100만 원에 상당하는 견적을 제출했으나, 아직 구매결정이 나지 않아 애태우는 상황이다. 어떤 일이 있더라도 오후에는 C사의 구매 담당자와 결정을 지어야 한다. C사의 구매 담당자는 예산이 2,700만 원이니 여기에 맞추라고 요구했다. 물론 예산을 핑계 삼아 가격을 낮추는 전술이다.

칼자루는 C사의 구매 담당자가 쥐고 있고 마감일이 다 되어가는데 뾰족한 수가 생각나지 않는다. C사의 요구대로 하려면 가격을 13퍼센트 정도 낮춰야 하는데, 회사의 정책상 10퍼센트 정도까지만 영업직원 재량으로 낮출 수 있다. 하는 수 없이 C사의 구매담당자에게 10퍼센트가 최종안이라고 제안했지만 막무가내였다. 오늘이 실적 마감일인 것을 눈치채고 시간적으로 압박하는 것이었다. 그리하여 회사에서 질책받을 각오를 하고 3퍼센트 더 양보한다고 제안했더니, 잠시 주저하다가 제의를 받아들였다. 강한판 과장은 가격을 5퍼센트 정도 양보해주더라도 2,950만 원은 받으려고 했으나, 마감시간에 쫓기는 다급한 상황에서 13퍼센트를 양보하여 2,700만 원에 합의할 수밖에 없었다.

마감시간이 다가오면서 실적 달성이라는 강박감과 불안한 마음 때문에 상대방이 요구하는 조건에 제대로 대응도 못하고 양보할 수밖에 없는 일은 흔하게 벌어진다. 이렇게 시간적인 압박은 협상자에게 큰 영향력을 미치게 된다. 협상자가 시간에 쫓길수록 협상력은 약해진다. 반대로 상대방이 시간에 쫓기고 있다는 것을 알고 지연 전술을 쓰면 협상 상대에 대해 강력한 영향력을 발휘할 수 있다. 협상 전문가들은 협상 중에 시간이라는 무기를 자기 편에 유리하도록 적절히 활용한다. 만약 구매하는 쪽에서 급하게 필요로 하는 제품이 있어 주문을 하게 되면 공급하는 쪽에서는 대부분 좋은 조건을 받아낼 수 있는 호기로 보고 여러 가지 이유를 들어 평소보다 높은 가격을 요구하게 된다.

세일즈 직원의 경우, 시간 제약 때문에 양보를 해서라도 마감시간 전에 수주를 해야 한다면 미리 양보를 위한 전략을 세워둬야 한다. 일반적으로 마감시간 전까지는 '상대가 먼저 양보하리라'는 기대에 자기 입장을 강하게 고수하기 마련이지만, 마감시간이 가까이 다가올수록 양보의 폭도 커지기 마련이다. 먼저 양보하면 '상대에게 자신이 약하게 보일 것'이라는 두려움과 '마감시간이 다 되어 양보해야 변명하기 편하다'는 자기보호의 이유 때문이다.

다른 사례를 들어보자. S사 협상단이 미국 G사와 P사의 항공기 엔진 부품 수주를 위해 미국에 출장 갔을 때의 일이었다. 먼저 G사와의 협상이 이틀 일정으로 빠듯하게 잡혀 있고, 둘째 날 오후에는 P사와의 협상을 위해 미국 국내 항공 편으로 이동해야 하는 상황이었다. G사와의 협상이 오래 걸릴 것 같지 않았으므로, 출장 경비를 절감해야겠다는 생각에 일정을 빠듯하게 잡은 것이었다.

먼저 G사에 도착하여 두루 인사를 마친 뒤 G사의 항공기 엔진 개발사업부 과장에게 비행기 표를 맡기면서 항공 스케줄을 확인confirmation 해달라고 부탁했다. S사 협상단의 일원이었던 필자와 G사의 엔진 개발사업부 과장은 오래전부터 일을 해왔기 때문에 개인적으로는 마음을 터놓는 사이어서 부탁할 만하다고 생각했다. 요즘같이 인터넷으로 항공 스케줄 확인이 쉽게 이루어진다면 호텔에서 간단하게 처리했을 텐데, 필자가 출장을 다니던 1990년대에는 그렇게 할 수 없었기 때문에 다른 사람에게 부탁할 수밖에 없었다. 게다가 필자가 근무하던 회사의 해외지사나 지점도 그곳에 없었다.

첫날 오전은 양사의 사업 진행 상황에 대한 브리핑과 가벼운 대화를 나누었고, 오후부터 본격적인 협상에 들어갔다. 발주 수량, 납기, 기술 지원 시기, 기술 지원 기간, 기술 지원 비용, 원자재 공급소스 지원 등에 대해 순조롭게 협상이 진행되었으나, 예상과는 달리 G사에서는 부품가격에 상당히 집착을 하며 S사 협상단을 괴롭혔다. 양측의 주장이 팽팽하게 맞서 합의점을 찾지 못한 채 시간만 흐르고 있었다. 이날 오후에는 P사와의 협상을 위해 미국 국내 항공 편으로 이동해야 하기 때문에 오전 중에 협상을 마무리 지어야 했다. 시간이 흐르면 흐를수록 필자를 비롯한 S사 협상단은 초조하고 불안해지기 시작했다. 제일 중요한 가격을 합의하지 못한 상태로 떠날 수는 없었다. G사는 계속 버티면서 더는 양보할 뜻을 보이지 않았다. 많은 비용을 들여 미국까지 와서 다른 조건에 모두 합의했는데 가격 결정을 앞둔 상황에서 포기할 수는 없었다. 또 오후에 약속된 P사와의 협상으로 오전 중에 협상을 마무리 지어야 했다. 하는 수 없이 시간에 쫓긴 S사 협상단은 생각했던 가격에서 좀 더 양보한 가격을 제시하고 결말을 지을 수밖에 없었다.

G사에서 무엇을 믿고 S사 협상단을 잡아놓고 시간을 끌면서 지연작전을 펼 수 있었는지를 나중에 생각해보니, 우리에게 잘못이 있었다. G사의 직원에게 항공 스케줄 확인을 부탁하면서 시간 계획이 모두 드러난 것이다. 결국 G사는 상대방의 사소한 정보라도 무심코 지나치지 않고 협상에 활용하여 좋은 협상 성과를 얻을 수 있었던 것이다.

이와 같이 정보를 활용한 지연작전은 협상에서 중요하기 때문에 상대방이 활용할 수 없도록 정보관리를 사전에 철저히 해야 한다. 반면 상대의 시간계획 정보를 입수했을 경우, 적절한 지연 전술을 활용하여 협상 결과를 유리하게 이끌어야 한다. 시간은 협상 성과에 지대한 영향을 주는 중요한 요소이며, 큰 힘을 발휘한다. 협상은 시간과의 싸움이기도 하기 때문이다.

지연 전략은 협상을 의도적으로나 비의도적으로 지연시켜 불안함과 초조함을 느끼게 함으로써 가격을 낮추려는 전략이기는 하나 협상 당사자에게 결정권이 없어 결정을 내리지 못해 협상이 지연되는 경우도 있다. 월, 분기, 반기, 연간 수주 및 매출 목표를 기한 내에 달성해야 하는 판매 담당 영업직원 입장에서 시간은 생사가 갈리는 순간과도 같다. 다가올수록 불안하고 초조하여 시간이 지연될 경우 상대방의 요구조건을 받아들일 수밖에 없을 것이다. 구매자는 이를 최대한 활용하여 그들이 원하는 방향으로 협상 성과를 얻어내고자 한다.

판매자 시장이냐 소비자 시장이냐에 따라 달라지지만 판매자 시장일 때는 구매자도 판매를 담당하는 영업직원과 같은 처지에 처할 수 있다. 흔치는 않지만 생산라인에 공급해야 할 부품을 구매하는 구매자의 경우에도 적기에 적정량의 부품을 공급하기 위해서 때 맞추어 부품 구매 계약을 체결해야 한다. 그런데 가장 믿어왔던 판매자나 단일 공급선 single supplier 에서 가격인상을 요구하거나 다른 거래 조건을 자신들에게 유리하게 변경시켜줄 것을 요구하며 계약을 미루고 있다면, 구매자 측에서는 얼마나 불안하고 초조한 상황을 맞겠는가? 따라서 지연 전술은 어느 쪽에게도 잘 먹혀들고 그 효과가 크기 때문에 어떤 협상에서든 흔히 활용된다.

지연 전술을 잘 활용하려면 우선 협상 상대방에 대한 정확한 정보를 보유해야 한다. 어설프게 사용했다가는 오히려 시간 부족으로 사용하는 쪽이 당할 수 있기 때문이다. "지피지기 백전불태"라 했으니 상대방의 협상 목록과 목표 What they want, 처한 상황, 협상 전략, 예상되는 협상 전술, 협상 대안, 시간 계획(내부 프로젝트 진행계획, 마감시간, 출장 일정 등), 본 협상에 대한 의존도 등을 정확히 파악한 후 협상 연습을 통해 시간을 정확히 점검해보아야 한다. 이를 통해 개략적으로 시간을 예측함으로써 시간 싸움에서 유리할 것 같으면 지연 전술을 어떻게 활용할 것인지, 우리 측이 시간에서 불리하다면 이를 어떻게 극복하여 상대방의 지연 전술을 막아낼 것인지를 대비해놓아야 한다.

▌대응 방법

① 상대방이 지연 전술로 나오면 먼저 그 의도를 살펴보아야 한다. 가격을 깎기 위한 전술인지, 아니면 단지 결정을 내릴 만한 권한이 없어 내부 조직과 협의를 거쳐야 하는 단계인지를 정확히 파악해 그에 따라 대응해야 한다. 만약 만족스럽게 진행 중인 협상에서 상대방이 내부의 협의를 거쳐 최종 결정을 기다리는 상황이라면, 우리 측에서 더는 양보할 필요가 없다.

② 상대방이 구매자일 경우, 시간을 더 이상 지연시키면 제시한 가격이나 납기를 보장해줄 수 없으며 조건을 다시 조정해야 한다고 경고하며 결정을 촉구한다.

③ 상대방이 무작정 지연 전술로 나올 경우에는 바쁜 일정 때문에 더는 기다릴

수 없다고 분명히 밝힌 후, 시한을 정해 그 시한 내에 결정되면 통보해줄 것을 부탁한다. 그리고 지연에 따른 불이익을 감수해야 한다고 밝혀둔다.

④ 상대방이 지연 전술을 쓰면 다음 진행에서는 상대방과 마찬가지로 지연 전술을 사용하여 대응한다.

⑤ 지금 결정하면 얼마간 양보할 수 있다는 뜻을 내비쳐 빨리 결정을 내리도록 종용한다.

⑥ 만약 협상자 자신이 양보해야 할 상황이라면 마감시간에 임박해서 한꺼번에 양보할 것이 아니라 시간을 두고 계획을 수립하여 체계적으로 천천히 함으로써 시간 부족에 따른 양보를 최소화한다.

벼랑 끝으로 몰아 압박하는 전술

유명 드라마 〈상도〉에 상대방을 벼랑 끝으로 몰아 압박하는 협상 전술을 잘 보여주는 사례가 나온다. 조선 시대의 개성 상인들은 장사를 하러 중국을 자주 오갔는데, 1년에 한 번 정도는 조선의 동지사(요즘으로 치면 정부 사절단)를 따라 베이징으로 가기도 했다. 그때나 지금이나 중국 상인들은 조선 인삼에 관심이 많아서 조선 시대의 개성 상인들이 인삼을 독점하여 많은 이익을 남기고 있었고, 중국 상인들은 이에 관여할 기회를 노리면서 어떻게 해서든지 독점을 깨뜨려보려 했다. 그래서 생각해낸 방법이 중국 상인끼리 담합하는 것이었다. 개성 상인들이 멀리 베이징까지 원행을 왔는데 그들이 중국에 체류하는 동안 중국 상인들이 조선 인삼을 구매하지 않으면 하는 수 없이 인삼을 헐값에 넘길 것이라는 계산이었다.

시간은 흘러 조선 상인들이 베이징에 온 지도 이미 보름이 넘어가고 있었다. 그런데 개성 상인들이 시장에 헐값으로 조선 인삼을 내놓았다는 소문도 없고 하니 오히려 중국 상인들이 의아하게 생각하고 불안해졌다. 조선 상인들의 동태를 보려고 객사 주변을 살피니 한가롭게 술이나 마시면서 걱정 없이 지내는 듯 보였다. 어느덧 베이징에 온 지 한 달이 다 되었다. 그런데 떠나기 전날 조선 상인들이 인삼 상자를 객사 마당에 쌓기 시작하더니 불을 지르는 것이 아닌가? 중국 상인에게 헐값으로 팔 바에야 차라리 모두 태워 없애고 떠나겠다는 것이 조선 상인들의 뜻이었다. 불길이 점점 타오르자 놀란 중국 상인들은 이래서는 안 되겠다고 생각했는지 담합을 풀고 조선 상인들에게로 달려가 그들을 말렸다. 그러나 조선 상인들은 확고한 의지를 보여주겠다는 뜻으로 중국 상인들의 만류를 듣지 않았다. 실은 조선 상인들은 미리 준비한 도라지를 태우고 진짜 인삼은 잘 보관하고 있었기 때문에 아쉬울 것이 없었다. 결국 중국 상인들은 1년에 한 번 시장이 서는데 조선 인삼을 사지 못하면 1년 장사를 할 수 없음을 깨닫고 거래를 성사시키기 위해 예년의 두 배 값을 지불하고서야 인삼을 살 수 있었다. 이렇듯 '벼랑 끝 전술'이 성공할 수 있었던 것은 확고한 의지를 보여주었기 때문이다. 조선 상인의 확고한 의지는 공멸을 두려워한 중국 상인들이 무릎을 꿇고 양보하게 했으며, 덕분에 상대적으로 많은 이득을 볼 수 있었다.

중국 상인들이 '벼랑 끝 전술'에 무릎을 꿇은 것은 상대방에 대한 정확한 정보가 없었기 때문이다. 한가롭게 기다리고만 있을 것이 아니라 상대방을 면밀히 관찰하고 조사해보았더라면 태우는 물건이 진짜 인삼인지 아닌지 알 수 있었을 것이며 조선 상인들의 전술에 말려들지 않았을 것이다. 오히려 중국 상인들이 못 본 척 방관했더라면 조선 상인들이 무릎을 꿇었을지도 모른다.

이 전술을 '벼랑 끝 전술'이라고 이름 붙인 것도 협상 상대에게 무리한 조건을 요구해 벼랑 끝으로 몰아가서 "요구조건에 응하지 않으면 차라리 벼랑에서 함께 떨어지는 수를 택하겠다"는 식으로 나온다는 데서 연유한 것이다. 즉 상대방에게 양보를 받아내기 위해 양측 모두에게 좋지 않은 위기 상황을 만드는 것이다.

북한이 핵무기로 한반도를 불바다로 만들 수 있다고 으름장을 놓으면서 자기들의 요구를 들어줄 것을 요구하는 것이나, 영화에서 테러리스트들이 수류탄의 안전핀을 빼 들고 요구를 안 들어주면 수류탄을 터뜨려 모두 함께 죽겠다고 덤벼드는 것도 '벼랑 끝 전술'이다. 한쪽이 이렇게 나오면 다른 쪽은 피해를 보지 않기 위해 상대방을 달래고 무마시켜야 하는데, 이를 위해서는 상당한 대가를 지불해야 한다.

▮ 활용 방법

협상 중에 어느 한쪽이 양보를 하지 않아 협상에 진척이 없을 때, '벼랑 끝 전술'을 사용하려면 쌍방 모두에게 피해가 돌아갈 수 있는 이슈를 발굴해내야 한다.

그래야만 상대방이 끌려들어와 효과를 발휘할 수 있다. 또한 상대방에게 우리 측이 위기 상황을 조성할 확고한 의지와 권한이 있다는 것을 보여줘야 한다. 괜히 어설프게 이런 전술을 사용하면 오히려 상대방의 신뢰를 잃게 된다. '벼랑 끝 전술'이 전개되기 시작하면, 상대방은 실제로 그렇게 될까 봐 두려워하고 불안해할 것이다. 그러한 기색이 포착되면, 상대방에게 돌아오지 못하는 강이 되기 전에 지금 당장 우리 측의 요구조건을 들어주고 양보하라고 은근히 압력을 가한다. 그러면 위험을 감수하면서까지 협상을 깨고 싶지 않아 상대방은 요구조건에 응하게 될 것이다.

▎대응 방법

① 상대방의 '벼랑 끝 전술'이 성공할 경우 우리 측에 영향을 미칠 것인지, 미친다면 어느 정도일지를 정확히 분석한 후, 정도에 따라 우리 측의 대응 수위를 정한다.

② 상대방이 위기를 조성하기 위해 '벼랑 끝 전술'을 사용할 확고한 의지와 권한을 가지고 있는지를 확인하고 그 결과에 따라 대응책을 강구한다.

③ 상대방이 '벼랑 끝 전술'을 사용하면 우리 측에서도 맞불을 놓아 예봉을 꺾어버릴 수도 있다. 예를 들어 2007년 2월 중순 중국 베이징에서 있었던 북핵 6자회담 당시에, 회담 시작 5일째 되는 날까지 별 진전이 없이 공전이 거듭되자 미국 측 수석대표인 크리스토퍼 힐 국무차관보가 북측을 겨냥하여 "이제 마지막 날을 맞으러 간다. 이 이상의 거래 bargaining 는 없다"는 말을 던지자 북한 측은 "미국이 전혀 다른 이야기를 하고 있다. 우리는 내일(2월

13일)자 비행기 표를 끊어왔다"며 맞대응을 함으로써 미국의 '벼랑 끝 전술'을 맞받아친 사례가 있다. 이 회담에 대한 여러 가지 평가를 종합해보면, 결국은 미국이 서두르는 바람에 오히려 많은 양보를 해야 하는 결과를 낳았다고 볼 수 있다.

이것만은 기억하자

- 이 책에서 소개한 다양한 협상 전술의 의미를 철저히 숙지한다.

- 협상 전술을 각자의 상황에 맞게 어떻게 설정하고 활용할 것인지 연구해 적용해본다.

- 상대방의 협상 전술에 대해 어떻게 대응할 것인지 각자의 상황에 맞게 설정하고 적용해본다.

- 이 책에서 소개한 협상 사례를 각자 상황에 맞게 설정하여 현업에 활용한다.

- 협상에 대비해 준비한 전술을 시뮬레이션을 통해 점검하고 보완하여 활용한다.

주(註)

1) Thompson, Leigh L., *The Mind and Heart of the Negotiator(2nd Edition)*, New Jersey: Prentice Hall, 2001, pp.189~235.

2) Heydenfeldt, Jo Ann G., "The influence of individualism/collectivism on Mexican and US business negotiation", *International Journal of Intercultural Relations*, Vol.24, No. 3(2000), pp.383~407.

3) 심석진, 「비즈니스협상의 영향요인분석을 통한 성과제고방안에 관한 연구」, 건국대학교 일반대학원 박사학위논문, 2012.

4) Lewicki, Roy J., Saunders, David M. and Minton, John W., *Essentials of Negotiation(2nd edition)*, New York: McGraw-Hill, 2000.

5) Shell, G. Richard, *Bargaining for Advantage: Negotiation Strategies for Reasonalable People*, New York: Penguin Books, 2000, pp.69~98.

6) Rubin, Jeffrey Z., Pruitt, Dean G., and Kim, Sung Hee, *Social Conflict: Escalation, Stalemate, and Settlement(2nd Edition)*, New York: McGraw-Hill, 1994, pp.29~39.

7) Pruitt, Dean G. and Carnevale, Peter J., *Negotiation in Social Conflict*, Maidenhead: Open University Press, 1993, pp.269~287.

8) Savage, Grant T., Blair, John D. and Sorenson, Ritch L., "Consider both Relationships and Substance When Negotiating Strategically", *The Academy of Management Executive*, Vol.3, No.1(1989), pp.37~48.

9) Zubek, Josephine M., Pruitt, Dean G., Peirce, Robert S., McGillicuddy, Neil B. and Syna, Helena, "Disputant and Mediator Behaviors Affecting Short-Term Success in Mediation", *Journal of Conflict Resolution*, Vol.36, No.3(1992), pp.546~572.

10) Savage, Grant T., Blair, John D. and Sorenson, Ritch L., "Consider both Relationships and Substance When Negotiating Strategically", *The Academy of Management Executive*, Vol.3, No.1(1989), pp.37~48.

11) Savage, Grant T., Blair, John D. and Sorenson, Ritch L., "Consider both Relationships and Substance When Negotiating Strategically", *The Academy of Management Executive*, Vol.3, No.1(1989), pp.37~48.

12) Peirce, Robert S., Pruitt, Dean G. and Czaja, Sally J., "Complainant-Respondent Differences in Procedural Choice", Unpublished Manuscript, Department of Psychology, State University of New York at Buffalo, 1991, pp.469~487.

13) Blake, Robert R., Shepard, Herbert A. and Mouton, Jane Srygley, *Managing Intergroup Conflict in Industry*, Houston: Gulf Pub, 1964, pp.115~134.

지은이 소개

심석진 sjshim52@hanmail.net

강원도 삼척에서 출생하여 한양대학교, 성균관 경영대학원, 건국대학교 일반대학원에서 기계공학, 마케팅, 기술경영을 공부하고 경영학 박사학위를 받았다. 서해 5도에서 해병장교로 근무하며 국방의 의무를 다했다. 17년 동안 삼성에서 근무하며 삼성물산과 삼성테크윈에서 마케팅, 세일즈 업무와 비즈니스 협상을 담당했으며, 1993년에 휴먼웰경영컨설팅사를 창업하여 현재까지 대표를 맡고 있다.

국내환경산업의 발전을 위하여 미국 도날드슨(Donaldson) 사와 비즈니스 공동개발 계약을 맺고 환경설비 기술과 장비를 국내에 보급하고, 산업계 교육훈련의 발전을 위하여 미국 엑셀런스(Excellence) 사와 교육훈련 제휴를 맺어 마케팅과 세일즈 교육의 수준을 높이는 데 일조했다.

그동안 쌓아온 경험을 토대로 중소기업진흥공단과 신용보증기금의 경영지도위원으로서 기업의 마케팅과 협상 전략을 자문하고 지원하는 일을 하고 있다. 삼성, CJ, 한솔, 두산, 대림, 일진, 코오롱, GE, 코카콜라 등 100여 개의 국내 및 다국적기업을 대상으로 마케팅, 세일즈, 협상 전략 교육훈련을 하고 있으며, 100여 개의 중소기업에 경영 전략, 마케팅 전략, 해외 시장 개척에 대한 컨설팅을 해오고 있다.

현재 국내에서 쌓아온 경영컨설팅과 교육훈련 경험을 바탕으로 해외 개발도상국 지원에 기여하기 위하여 KOICA(한국국제협력단) 중장기 자문단의 일원으로서 해외에서 활약하고 있다.

이철규 cglee@konkuk.ac.kr

건국대학교 산업공학과를 졸업하고 일본 게이오 대학교에서 관리공학 석사 및 생체의공학 박사를 취득했다. 연세대학교 의공학과 연구교수를 역임하고, (재)원주의료기기테크노밸리 사무국장으로 근무하면서 원주시의 의료기기산업 정책수립과 벤처기업 발굴육성을 담당했으며, 현재 건국대학교 글로벌 융합대학 신산업융합학과 교수 및 건국대학교 일반대학원 벤처전문기술학과 주임교수로 재직 중이다. 건국대학교 벤처창업지원센터 센터장, 광진구 벤처기업창업지원센터 센터장, (사)한국창업학회 회장, (사)한국창업보육협회 이사, 동반성장위원회 정보통신실무위원, 서울시 성수 IT종합센터 운영위원장으로 활동하면서 우리나라의 벤처창업 정책연구 및 교육에 힘쓰고 있다. 주요 관심분야는 벤처기술경영, 벤처창업, 기술사업화 등이며, 저서로는 『리더십으로 무장하라』, 『대박창업 성공경영』, 『뻔뻔으로 혁신한다』, 『성공한 사람들은 스스로 멘토가 된다』 등이 있다.

문제는 협상이다
성공과 실패를 가르는 첫 번째 조건

ⓒ 심석진, 이철규 2013

지은이 | 심석진, 이철규
펴낸이 | 김종수
펴낸곳 | 도서출판 한울
편집책임 | 김경아
편집 | 백민선

초판 1쇄 발행 | 2007년 8월 30일
초판 2쇄 발행 | 2010년 3월 30일
개정판 1쇄 발행 | 2013년 9월 9일

주소 | 413-756 경기도 파주시 파주출판도시 광인사길 153 (문발동 507-14) 한울시소빌딩 3층
전화 | 031-955-0655
팩스 | 031-955-0656
홈페이지 | www.hanulbooks.co.kr
등록번호 | 제406-2003-000051호

Printed in Korea.
ISBN 978-89-460-4740-2 13320

* 책값은 겉표지에 표시되어 있습니다.